Tauromachie, l'éternel scandale

Au diable vauvert

Jacques Teissier

Tauromachie, l'éternel scandale

Du même auteur au Diable vauvert

La Corrida, effraction salutaire, 2018

ISBN : 979-10-307-0516-4

Au diable vauvert
La Laune 30600 Vauvert

www.audiable.com
contact@audiable.com

Caminante, no hay camino,
se hace camino al andar…
caminos sobre el mar…
estelas en la mar…

Toi qui es en marche, il n'existe pas de chemin :
le chemin se fait en marchant…
des chemins sur la mer…
de simples sillages…
Antonio Machado, *Cantares*

Pourquoi ce livre

J'avais dix-huit ans et j'arrivais au grand séminaire. Le professeur de philo nous avait proposé un sujet libre : j'avais choisi *Faut-il ne plus aller aux corridas ?* Mon exposé est sorti de ma mémoire depuis longtemps, mais je me souviens fort bien de ma conclusion. Plutôt que des ukases tranchant autoritairement pour ou contre, mieux vaut laisser les choses évoluer de l'intérieur et se décanter d'elles-mêmes.

Je me suis appliqué cette conclusion et suis resté aficionado, sans rien renier de ma passion pour la faune sauvage, pour l'histoire du vivant sur notre planète, l'Homme y compris, ainsi que pour l'histoire du cosmos. Un bon demi-siècle plus tard, je constate que cette attitude ne m'a jamais quitté. Discrètement, elle m'a fait cheminer, année après année, au fil des rencontres et des événements. Les réflexions qui vont suivre en sont le fruit. Pas le terme, je l'espère.

Contestée depuis toujours, la corrida subit aujourd'hui des attaques agressives et coordonnées, dans tous les pays latins de la planète où elle existe. En outre, la sensibilité de nos sociétés occidentales envers les animaux a beaucoup évolué depuis quelques années. Spontanément, l'idée qu'elles se font de la corrida les révulse. L'aficionado est plutôt malmené, ces temps-ci. Une puissante vague d'opposition tend à le submerger.

Et si, au-delà de la défensive classique – qui conserve toute sa pertinence –, il fallait aujourd'hui tenter d'ouvrir un chemin nouveau ? Ce serait, à l'intuition, celui de plonger résolument dans cette vague d'opposition en cherchant, le plus honnêtement possible, à entrer dans son point de vue, à la comprendre de l'intérieur pour ainsi dire. Tel le surfeur qui a un jour l'audace d'entrer dans la vague déferlante de Teahupoo à Tahiti, ou dans celle du Pipeline à Hawaï. L'erreur n'est guère permise.

Accepter de se mettre ainsi en danger. Jusqu'à oser de laisser interroger. Au risque de se perdre. Ou de découvrir quelque point de vue original, sait-on jamais ? J'ai pris ce risque. En espérant tout de même ne pas m'y perdre, bien sûr.

Aficionado ou non, puisse la lectrice ou le lecteur s'abstenir de jugements prématurés et s'engager à son tour dans l'aventure. À ses risques et périls. Elle ou lui aussi.

Un tsunami culturel

Il ne manque pas de littérature contemporaine pour explorer les significations de la corrida[1] ou entrer dans l'intimité de ses acteurs[2]. Ces réflexions, de qualité, confortent les aficionados ; mais elles sont d'avance discréditées et rejetées par les anti-taurins, la plupart du temps avec bonne foi. Pourquoi ? Sans doute parce que ce qui est dit les laisse de marbre. Rien ne leur semble répondre à ce qui fait le fond de leur rejet. L'idée même d'un spectacle public où l'on affronte volontairement un taureau sauvage qui n'a rien demandé, où on le fait

1. On peut signaler en particulier : Francis Wolff, *Philosophie de la corrida*, éd. Fayard, collection Sciences humaines, Paris, mai 2007 ; 342 p.

2. On peut signaler en particulier : José Miguel Arroyo, *Joselito, le vrai* ; traduit de l'espagnol par Antoine Martin, éd. Verdier, avril 2014 ; 228 p.

saigner, où on le tue à l'épée, leur est insupportable et c'est tout ; même si c'est au péril de sa vie. Or cela tend à devenir la réaction générale de nos sociétés de sensibilité « écolo-animaliste ». Le temps semble venu, pour les aficionados, de prendre en compte cette contestation fondamentale et galopante. D'autant plus qu'amateurs de corrida et, dans le mouvement, aficionados de toute espèce de tauromachie risquent fort d'être emportés par ladite vague écolo-animaliste dont, paradoxalement, la plupart d'entre eux font partie.

À vrai dire, l'opposition n'est pas vraiment nouvelle. Les courses de taureaux, et principalement la corrida, ont à peu près toujours soulevé certaines oppositions catégoriques, certaines interdictions des autorités, civiles ou religieuses. Mais, tel un tsunami, la vague actuelle s'avère beaucoup plus forte, profonde, radicale qu'il n'y paraissait auparavant. Elle tend même à devenir universelle. La corrida ne semble plus en adéquation avec notre temps.

Elle est bien loin l'époque des Pablo Picasso, des Jean Cocteau et autres Ernest Hemingway, cette époque où une immense star internationale telle que l'Américaine Ava Gardner pouvait donner une interview à un grand hebdomadaire taurin espagnol et y exprimer sa découverte, toute récente, passionnée, lors de la Feria d'avril 1960 à Séville : « *La corrida m'enflamme. Je crois que c'est la fête la plus belle et la plus complète du monde. Il suffit que je vous dise que la corrida me plaît davantage que le base-ball qui était jusqu'à présent mon spectacle favori. Il y a dans la corrida l'art et l'émotion, la grâce et la tragédie. Et cela ne se trouve dans aucun autre jeu ni aucun autre sport.*[3] » Qui imaginerait semblable déclaration dans la bouche de notre « BB » nationale ! Que s'est-il donc passé ?

Depuis son émergence, l'Homme se coltinait avec la Nature, une Nature d'apparence illimitée qui lui était à la fois étrange et familière, nourricière et hostile. Il s'agissait de la dominer, de la comprendre, de la faire fructifier... bref, de la mettre à sa main pour en vivre, depuis la subsistance quotidienne jusqu'au désir de créer, de découvrir, de se découvrir soi-même. C'était, et c'est encore, toute une recherche et un défi, au prix d'une véritable lutte, si joliment mise en scène par l'Anglais Roy Lewis grâce aux savoureux anachronismes de son roman de science-fiction : *Pourquoi j'ai mangé mon père*[4].

---

3. *El Ruedo*, año VII – Madrid 27 de abril de 1950 – No 305.
4. Publié pour la première fois en 1960 sous le titre *What We Did to Father* (« Ce que nous avons fait à père ») ; puis paru en 1975 en français et réédité de nombreuses fois depuis.

Au cours des millénaires, cette démarche de domination de la nature a engendré de multiples cultures, en lente mais perpétuelle transformation, en interaction plus ou moins rapide les unes avec les autres. À quelque époque que ce soit, où que ce soit, nos cultures ont créé des merveilles : langages et arts de vivre, savoir-faire et savoirs, arts et réflexions existentielles, sciences et techniques… Toutes, chacune à sa manière, parfois sans trop s'en rendre compte sur le moment, ont aussi généré des horreurs ; surtout quand leurs propres richesses culturelles déraillaient, alimentant des injustices, des conflits meurtriers ou un saccage de la planète. Esclavages, colonialismes, impérialismes, communismes, fascismes, nazisme, génocides, persécutions religieuses, dictature de l'argent, inégalités scandaleuses, crise écologique ne sont que quelques-uns des derniers avatars de ces taches de sang qui jalonnent l'histoire des Hommes, aussi loin que l'on puisse remonter. Une histoire magnifique et tragique à la fois.

Or, voici que notre nombre faramineux et nos moyens techniques inouïs font planer un danger mortel sur le monde vivant – dont nous sommes ! –, voire sur la planète elle-même et ses ressources. De nos jours, ce qui marque le plus notre Terre, ce qui la transforme au point de pouvoir mettre en danger ses grands équilibres et, partant, ceux du vivant : c'est l'Homme. L'Homme lui-même. Pour caractériser l'ensemble des événements géologiques qui se sont produits depuis que les activités humaines ont une incidence significative sur l'écosystème terrestre, certains considèrent que nous sommes entrés dans une nouvelle ère géologique : l'*Anthropocène*, l'ère de l'humain. D'où l'émergence grandissante d'une sensibilité écologique, particulièrement vive chez les jeunes générations : il s'agit désormais de ne plus nous considérer comme extérieurs, mais partie intégrante de la nature, et d'en prendre soin comme de nous-mêmes au lieu de la piller sans retenue. Ce n'est pas un hasard si la mode est au *care*.

Heureuse émergence écologique. Même s'il peut lui arriver d'être outrancière, « intégriste » même, particulièrement dans le courant animaliste antispéciste. Une émergence déjà très bien pressentie, dans la suite de Darwin, dès la première moitié du XXe siècle, par quelques chercheurs d'envergure, tel le paléontologue Pierre Teilhard de Chardin, avec les fameux titres où il rassemble toute une vie de recherche rigoureuse et passionnée : *Le phénomène humain*[5] et *La place de*

5. Publié au Seuil en 1955 ; mais écrit entre 1938 et 1940, puis remanié et complété entre 1947 et 1948.

l'Homme dans la nature : le groupe zoologique humain[6]. Émergence que le pape François, l'une des grandes autorités spirituelles mondiales, salue et promeut vigoureusement dans sa longue lettre de 2015 aux habitants de notre « maison commune » : *Laudato sí*[7].

Voilà un véritable retournement. Une révolution. Pour être culturelle, elle n'en est pas moins considérable. Elle vient questionner presque toutes nos évidences traditionnelles, dont les évidences tauromachiques. Certes, les relations de l'Homme et de l'aurochs remontent à la nuit des temps[8] ; bien qu'infiniment plus récentes, les célèbres peintures de Chauvet (- 35 000 ans) et de Lascaux (- 18 000 ans) en sont un témoignage saisissant. Quant à sa domestication, au néolithique, elle date de quelque 10 000 ans. Cependant, même si elle peut permettre de comprendre l'apparition de la corrida, la simple référence à cette culture archimillénaire, richissime, ne

---

6. Publié par Albin Michel, Collection : Le monde en 10-18, en 1956 ; mais écrit en 1949.

7. Une édition magnifiquement illustrée par Yann Arthus-Bertrand : Pape François *Laudato sí, Lettre encyclique sur la sauvegarde de la maison commune*, Éditions Première Partie, Paris 2018 – ISBN 978-2-36526-173-9.

8. Voir : André Viard, *La chair et le sens, une religion du taureau*, Ed. Au diable vauvert, mai 2021.

peut plus suffire, désormais, à la légitimer. Le tsunami écologique est passé par là. L'aficion se doit d'entendre son interrogation et d'en relever le défi. Quoi qu'il en coûte.

Toutefois, en réalité, la corrida : personne ne sait trop ce que c'est. Ni celui qui la rejette, et dont la violence interroge sur les forces obscures qui l'agitent. Ni l'aficionado passionné, animé lui aussi de forces obscures. À défaut de pouvoir l'expliquer, la « comprendre » et, plus encore, la justifier, du moins peut-on tenter de lui reconnaître du sens. Née dans le contexte premier, où la Nature dominait l'Homme et où l'Homme s'affirmait en luttant victorieusement avec elle, la corrida peut-elle encore garder du sens à l'ère de l'Anthropocène ? Ou bien doit-elle aujourd'hui se reconnaître périmée et, bon gré mal gré, accepter de disparaître, à défaut d'oser se saborder ?

« Corrida basta »

Savamment cultivée par une minorité agissante et largement financée, combattive et souvent passionnelle, popularisée par des médias rompus à l'art de surfer sur la vague du moment, une évidence nouvelle ne cesse de s'étendre et d'enfler en intensité, en Europe comme en Amérique latine : la corrida, c'est du passé. *Corrida basta !*

Un tel rejet est infiniment plus radical que certaines instrumentalisations politiques qui, par exemple en Espagne et à tort, accusent la corrida de relever du franquisme.

Mais les courses de taureaux ont toujours été assez polémiques. L'un des signes les plus célèbres et les plus significatifs en est la bulle *De salute gregis*[9] du pape Pie V, promulguée le 1er novembre 1567 : en pleine Renaissance donc, au moment où émerge la modernité triomphante dont nous vivons encore, mais qui a fini par engendrer aussi notre crise écologique...

Pie V, dûment alerté par un groupe de théologiens espagnols, condamne sans appel et pour toujours les jeux taurins, à peu près au même titre que « *la coutume détestable du duel introduite par le démon* » : « *En de nombreuses villes et autres lieux, on ne cesse d'organiser des spectacles privés ou publics consistant en courses de taureaux ou d'autres animaux sauvages, destinées à faire exhibition de force et d'audace, courses qui occasionnent fréquemment des accidents mortels, des mutilations et sont un danger pour les âmes »(§1).* La condamnation porte essentiellement, pour les acteurs, sur le fait de mettre en danger son intégrité physique, voire sa vie, au cours d'une simple « exhibition » ; et pour les spectateurs sur le fait de s'en repaître : « *Ces spectacles où taureaux et bêtes sauvages sont poursuivis dans l'arène ou sur la place publique sont contraires à la piété et à la charité chrétiennes* », il s'agit « *d'abolir ces sanglants et honteux*

9. *De salute gregis (dominici)* : « Au sujet du salut du troupeau (du Seigneur) ». On en trouvera la traduction en annexe.

spectacles dignes des démons et non des Hommes »(§2). Ce qui préoccupe avant tout Pie V, ce n'est pas tant le sort des taureaux ou d'autres animaux que celui des Hommes, acteurs ou spectateurs. On notera toutefois que la condamnation « *sous peine d'excommunication* » ne concerne que les religieux et non les laïcs assistant aux courses.

Mais qu'est-ce qui pouvait empêcher ces hommes de tester leurs limites et de prouver leur valeur devant un taureau ? Qu'est-ce qui pouvait empêcher ces spectateurs d'en être saisis d'admiration ? Car le taureau ne ment pas et, devant sa brutalité inouïe, l'Homme ne peut plus se mentir à lui-même. Il y avait là cette authenticité singulière que seul le danger accorde. Foin du simulacre !

Il faut dire que la « corrida » de l'époque est encore une sorte de chasse en public, assez anarchique. À part l'immense courage qu'elle demande déjà, elle ne ressemble guère au rite taurin actuel, soigneusement codifié, exigeant une technique des plus subtiles. C'est ainsi que, le 3 septembre 1332 à Rome, dans le Colisée, il y avait eu dix-huit jeunes nobles tués et neuf blessés pour… onze taureaux tués ! « *On fit des funérailles solennelles, à Saint-Jean de Latran, aux*

18 victimes réunies, dont la mort avait procuré un magnifique spectacle aux belles dames. » Les réjouissances populaires, quant à elles, ne furent pas en reste : « *Les jours suivants les funérailles des victimes, qu'on fit en grande pompe, furent pour le peuple une prolongation inespérée de la fête.*[10] »

Dans la seconde moitié du XVe siècle, avec les papes Borgia, d'origine espagnole, les « *chasses* » ou « *fêtes* » de taureaux « *à la mode d'Espagne* » devinrent fréquentes à Rome, surtout pendant le carnaval; elles s'étendirent parfois à des villes comme Naples, Sienne, Florence ou Venise[11]. Il semble bien que les taureaux sauvages y venaient alors des marais pontins, au sud de Rome, ou de la Maremme, au nord, plutôt que de la lointaine Espagne.

Voici en quels termes en parle Joachim du Bellay, présent à Rome autour de 1555, soit une cinquantaine d'années après Rodrigo Borgia, le pape Alexandre VI (1492-1503) :

> « *Voyons le fier taureau d'armes environner*
> *Et voyons au combat l'adresse italienne. [...]*

10. Récits cités par Marc Roumengou, *L'Église et la corrida*, 1996, ISBN : 978-2950143136 ; p. 37-38.

11. On trouvera de nombreuses informations historiques chez Marc Roumengou, *op. cit.*

Voir le brave taureau se faire un large tour
Estonné de se voir tant d'Hommes alentour,
Et cinquante picquiers affronter son audace :
Le voir en s'élançant venir la teste basse,
Fuir et retourner d'un plus brave retour,
Puis le voir à la fin pris dans quelque destour
Percé de mille coups ensanglanter la place. [...]
Nous parlons de taureaux et de buffles aussi.[12] »

Pareille anarchie n'a rien d'extraordinaire : à cette époque, parfois depuis longtemps, existent en Europe et jusqu'en Angleterre des jeux taurins de toutes sortes, à peu près tous aussi sauvages et périlleux les uns que les autres. Cela durera fort longtemps, là où il se trouve encore des toros sauvages. Ainsi à Nîmes, qui est aux portes de la Camargue, un chroniqueur raconte-t-il, en 1788 : « *Quel spectacle ! D'un côté un animal paisible, utile, mutilé, massacré ; de l'autre des Hommes courant et criant après lui pour le forcer à devenir cruel et à s'élancer sur des individus qu'il devrait d'autant moins respecter qu'ils méritent peu de l'être. Quel spectacle ! Malheureusement il fait les délices du peuple de ces contrées. Heureusement,*

12. Joachim du Bellay, Les *Regrets*, sonnets 120, 121, 122, in *Poètes du XVI*e *siècle*, Bibliothèque de la Pléiade, n° 96 ; Paris, Gallimard, 1953.

il est fort rare et n'a lieu que pour célébrer une grande occasion, une fête... Nous ne sommes que des barbares qui laissons, sans regret, des enfants, des pères de famille, mettre en danger leur santé, leur vie, pour la saveur d'un moment. Quels sont les établissements où l'on doit secourir les enfants que ces malheureux laissent en bas âge, où l'on doit soulager leurs pères infirmes, où l'on doit consoler leurs femmes désolées ? Il n'en existe point ![13] »

En pareille ambiance, on comprend mieux l'indignation d'un certain nombre de personnes, dont quelques autorités civiles et quelques ecclésiastiques ou théologiens, ainsi que la sanction papale ; d'autant plus que ces personnes sont étrangères à ce que les Provençaux appellent la *fé di bioú* et les Ibériques l'*afición a los toros*, une passion qui s'enracine dans la fascination et la terreur ancestrales qu'inspire le taureau, depuis des millénaires, par sa puissance et sa fertilité. Ce n'est pas sans raison que nos lointains ancêtres de la Mésopotamie et du pourtour méditerranéen en ont fait un symbole divin. Aujourd'hui encore, la passion des taureaux se rattache à la fascinante frayeur qu'engendre leur formidable puissance.

---

13. Pierre Dupuy, *Histoire taurine de la ville de Nîmes*, Union des bibliophiles taurins de France, 1977 ; p. 5-6.

Sous mille et une formes, en dépit de son cortège de glorieuses victimes, le désir de se dépasser et de reculer ses limites pour affirmer sa vie traverse toute l'histoire humaine. Jusque dans nos sociétés devenues hyper sécuritaires. Que l'on pense, par exemple, à ce que nous appelons aujourd'hui les sports extrêmes, tels le *wingsuit* (hommes volants qui se jettent d'une haute falaise), le *base jump* (saut d'un pont ou d'un toit en actionnant son parachute le plus tard possible), le *free climbing* (escalade en solo intégral, sans assurance), le ski et le kayak extrêmes, ou même la Formule 1.

On notera d'ailleurs que la grande mystique espagnole Thérèse d'Avila (1515-1582), contemporaine de la bulle de Pie V, aimait la corrida. Celle de l'époque. Forcément ! C'est d'ailleurs pourquoi, depuis le XVIe siècle à Ávila, en octobre[14], les fêtes de sainte Thérèse comprennent généralement une corrida. Ainsi, le lundi 14 octobre 2019, le journal local[15] titrera : « *Triomphal retour des toros à Avila* » ; et il résumera : « *Le festival taurin avec picadors s'est soldé par les bonnes prestations des matadors Finito de*

14. Thérèse d'Ávila est fêtée le 15 octobre.
15. *Diario de Ávila.*

Córdoba, Emilio de Justo et Ginés Marín ainsi que du novillero Daniel Barbero, qui composaient l'affiche. Ils ont coupé 9 oreilles et une queue. » C'est dire que la bulle de Pie V n'a pas reçu un accueil très enthousiaste en Espagne. Cependant, elle y a soulevé de fortes polémiques qui ont inquiété le pouvoir royal, soucieux de l'ordre public, comme de la satisfaction de ses sujets. Un vrai bras de fer s'est engagé.

Aussi, dès 1575, le pape Grégoire XIII reviendra-t-il sur la décision de son prédécesseur en raison des réticences exprimées par le roi d'Espagne, Philippe°II, désireux d'aplanir les tensions au sein de son peuple. Ce faisant, le pape tenait compte en même temps de la situation géopolitique de l'Europe chrétienne menacée par les musulmans de Turquie à l'extérieur et par la montée en puissance de la Réforme protestante à l'intérieur: l'Espagne était un point fort indispensable à l'Église. L'excommunication est levée; certes, interdiction reste faite au clergé, tant régulier que séculier, d'assister aux courses, mais elle ne concerne plus les laïcs[16].

La décision restant polémique, en 1586, le pape Sixte V rappelle les sanctions maintenues par

16. Bulle *Exponi nobis*: « On nous a exposé », du 25 août 1575. Voir Marc Roumengou, *op. cit.* p. 107-110.

Grégoire XIII ; mais par un simple « bref »[17], de moindre autorité qu'une bulle, adressé à l'université de Salamanque où des professeurs soutenaient que les clercs pouvaient sans problème assister aux courses de taureaux. Dix ans plus tard, les dispositions romaines paraissant inapplicables en Espagne, principal pays concerné, elles seront levées de nouveau et définitivement par une nouvelle bulle[18] du pape Clément VIII, dans un esprit d'apaisement. Cependant, recommande-t-il, « *que dans lesdits royaumes d'Espagne, ces sortes de combats de taureaux n'aient pas lieu les jours de fêtes religieuses* – très populaires, les courses enlèvent pas mal de fidèles aux liturgies… – *et que des mesures soient prévues par ceux dont c'est la charge pour que mort d'homme y soit évitée autant qu'il est possible.* »

On peut encore signaler un bref du pape Innocent XI, adressé le 21 juillet 1680 au nonce de Madrid, Mellini[19], pour lui rappeler la bulle de Clément VIII et demander à Charles°II « *Roi Catholique […] que si, dans l'avenir, il se trouve que*

17. Bref *Nuper siquidem*: « Puisque récemment », du 14 avril 1586. Voir Marc Roumengou, *op. cit.* p. 115-121.

18. Bulle *Suscepti muneris* : « La charge que nous assumons », du 13 janvier 1596. Voir Marc Roumengou, *op. cit.*p. 130-139.

19. Voir Marc Roumengou, *op. cit.* p. 145-148.

ces mêmes jeux (de taureaux) *soient donnés, on prenne consciencieusement des dispositions, au moins pour empêcher que le peuple ne subisse un quelconque dommage.* » Les préjudices possiblement causés aux Hommes restent le souci majeur.

La deuxième partie du XIXe siècle va marquer un net basculement des mentalités et infléchir la contestation de la corrida aussi bien que la pratique tauromachique. Les publics deviennent de plus en plus sensibles à l'expression artistique du torero et de moins en moins friands des fortes émotions créées soit par les courses anarchiques où les taureaux font voltiger plus d'un acteur, voire plus d'un spectateur, soit par l'affrontement brutal du taureau avec le picador à cheval dans les corridas plus formelles. Dès lors, la technique tauromachique ne cessera de se perfectionner ; et, pour favoriser l'expression artistique du torero, la sélection dans les élevages tendra à adoucir la sauvagerie désordonnée du taureau, tout en cherchant à développer une combattivité plus constante et plus durable. Quant à l'opposition à la corrida, elle ne sera plus centrée sur le risque fou pris par l'Homme, mais sur le sort du pauvre taureau que l'on est censé torturer et sur la barbarie présumée des spectateurs d'une telle horreur. La défense des animaux est désormais passée au premier plan. Une épreuve de force nouvelle s'engage entre les pouvoirs publics, les pouvoirs religieux parfois, et l'aficion.

Quelques évêques concernés par la question dans leur diocèse prendront part au débat. À titre d'exemple, nous nous limiterons à la France, et plus particulièrement à Nîmes, devenue l'arène française la plus importante. Il s'agira simplement de tracer la ligne générale de façon à percevoir l'ambiance de l'époque.

Dégagées de leurs habitations durant le premier quart du XIXe siècle, ensuite progressivement restaurées grâce à l'Inspection générale des Monuments historiques – créée en 1830 par Guizot, puis confiée à Prosper Mérimée en 1834 –, les arènes romaines devenaient peu à peu un lieu idéal pour les courses de taureaux. Dès 1813, celles de Nîmes se trouvaient dégagées. Souhaitant appuyer « *les jeux de taureaux propres à donner au peuple cette gaité qui caractérise les habitants du Midi* », le baron Rolland, préfet du Gard, sollicite l'autorisation du ministre de l'Intérieur, le 7 avril 1813 : « *Le goût qu'a le public pour les courses de taureaux est porté jusqu'à la fureur dans ce pays et nulle part il n'existe aucun emplacement aussi magnifique que celui des arènes.*[20] » L'autorisation administrative arrive dès le 20 avril. La première course, toujours assez anarchique, toujours aussi polémique, est donnée sans tarder, avec du bétail camarguais : le 23 mai. Elle sera suivie de 19 autres, cette même année 1813. Au cours des années suivantes, avec des hauts et des bas, les courses de taureaux ne cessent de batailler avec les autorités civiles pour exister.

C'est seulement le 12 juin 1853 qu'aura lieu la première véritable corrida espagnole, quoique de deuxième ou troisième plan, et le 10 mai 1863 la seconde[21], de haut niveau celle-là, et qui inaugurera une longue série, toujours actuelle.

Le contexte sociopolitique est alors fort tendu. Le 12 juillet 1850, après bien des polémiques, l'Assemblée nationale avait voté à une large majorité la loi Grammont sur les « mauvais traitements envers les animaux domestiques ». Elle ne visait pas les corridas ; c'est si vrai qu'en 1852 et 1853, l'auteur de cette loi

---

20. Pierre Dupuy *op. cit.* p. 5-6.
21. À l'affiche : 6 Coulomb (camarguais) pour Antonio Sánchez « *El Tato* » et Ángel López « *Regatero* ». Les taureaux camarguais se substituaient aux espagnols qui avaient fait défaut. Parmi les picadors, il y avait le célèbre Antonio Calderón, frère de l'encore plus célèbre Curro Calderón.

de protection des animaux présidait en personne les premières corridas de Bayonne, aux côtés de l'impératrice Eugénie de Montijo.

Seulement tout le monde ne l'entend pas de cette oreille. En 1884, le ministre de l'Intérieur, Pierre Waldeck-Rousseau, demande aux préfets de prendre les mesures nécessaires pour l'application de la loi de 1850 aux courses de taureaux, en cas de carence des maires ou d'arrêtés municipaux pris, selon lui, en violation de la loi. La plupart des préfets exécutent cette injonction. Entre 1883 et 1892, il n'y aura qu'une seule corrida à Nîmes : en 1885. Mais elles reprennent en 1892 ; en 1893 et 1894, on en compte respectivement sept et huit.

C'est alors que, le 26 septembre 1894, une circulaire du ministre de l'Intérieur interdit la corrida à Nîmes. La population se mobilise en vue d'une imposante manifestation, si bien que la ville décide finalement de résister : une corrida prestigieuse se déroulera le 14 octobre[22], avec le soutien et la présence d'un Frédéric Mistral en pleine gloire. Ce jour-là, c'est un véritable délire dans l'amphithéâtre. Un certain

22. À l'affiche : 6 taureaux de Benjumea pour El Gallo, Bonarillo, Pepete, Quinito, Faíco et Litri.

Reboul, commentateur de l'époque, décrit la scène : « *Quand il parut, grand, très droit, coiffé de son feutre immense, la tête haute fière, encadrée de longs cheveux blancs, nous étions là vingt mille, qui l'accueillîmes par une clameur inouïe. Très calme, avec une aisance familière, il salua d'un geste large, empreint de noblesse et de majesté… En cette minute sublime, Mistral était beau comme le dieu de la Patrie !* » L'emphase dit quelque chose de l'ambiance passionnelle du moment : tout en défendant ses sacrosaintes traditions, le Midi relève la tête contre l'autoritarisme parisien.

Qu'importe ! En 1895, un arrêt de la Cour de cassation, daté du 16 février[23], juge le taureau de combat comme animal domestique puisqu'il vit clôturé, que l'Homme pourvoit à sa nourriture et dirige sa reproduction. Il tombe désormais sous le coup de la loi Grammont. « *On comprend que les Hommes aient si peu d'amis quand les animaux en ont tant !* », s'exclamera un jour, en plein Parlement, le Gardois et grand aficionado Gaston Doumergue, futur président de la République (1924-1931). Il n'en perçoit probablement pas toute la portée, mais sa remarque savoureuse

23. L'arrêté stipule que sont qualifiés d'animaux domestiques « *les êtres animés qui vivent, s'élèvent, sont nourris, se reproduisent sous le toit de l'Homme et par ses soins* ».

souligne bien le retournement culturel en train de s'opérer dans les mentalités.

En pratique, les corridas n'en continuent pas moins, année après année – sauf pendant la Première Guerre mondiale –, combattues par le pouvoir central, mais soutenues par le public et de nombreuses municipalités qui, au minimum, laissent faire.

Il faudra attendre 1932 pour que la pression populaire amène à ce que la corrida soit officiellement « tolérée ». C'est seulement en 1951, le 24 avril, que sera inscrit dans la loi Grammont un alinéa précisant que « *la présente loi n'est pas applicable aux courses de taureaux lorsqu'une tradition locale ininterrompue peut être invoquée*[24] ». De 1959 à 2004, le texte de la loi Grammont subira neuf refontes législatives sans jamais remettre en cause l'exception de la corrida. Mais quelle est, au juste, la nature du lieu où ladite tradition locale est censée être présente ? Qu'est-ce qui peut interrompre cette tradition ? Légaliser une tradition particulière qui fait exception à la règle générale n'est-il pas une entorse au principe constitutionnel d'égalité ? Tout cela reste à l'appréciation des juges. Il s'ensuit une multitude de procès intentés à

---

24. Loi n° 51-461 du 24 avril 1951, 7e alinéa.

des organisateurs de corridas dans tout le Midi, de l'Atlantique à la Méditerranée, depuis les années 1960 jusqu'à 2012. Les recours ultérieurs, périodiquement renouvelés, mais non fondés juridiquement, relèvent d'une simple stratégie de harcèlement.

Le premier procès est intenté contre les organisateurs de la corrida donnée au Grau-du-Roi (Gard), le 15 août 1969 ; l'action en justice se clôture le 27 mai 1972 par une décision de la Cour de cassation[25]. Celle-ci juge que le terme « local » ne renvoie pas à une circonscription administrative déterminée, mais à un « ensemble démographique » ayant une communauté d'histoire, de coutumes, de mode de vie : ses limites ne coïncident pas avec des limites administratives. Toute commune se trouvant à l'intérieur de cet ensemble démographique peut donc se prévaloir de l'existence de la « tradition », même si aucune corrida n'a jamais été organisée sur son territoire – comme cela avait d'ailleurs été le cas au Grau-du-Roi, le 14 août 1961. La Cour d'appel de Toulouse jugera à nouveau l'affaire en relaxant les organisateurs poursuivis. C'est ainsi que va s'établir toute une jurisprudence. Quant à

25. Cass. Crim. (Cour de cassation, Chambre criminelle), pourvoi N° 72-90875, décision du 27 mai 1972.

l'interruption des corridas dans un lieu précis pendant quelques années, elle ne dit pas forcément que ce lieu n'appartient plus à tel ensemble démographique de culture taurine.

Les opposants à la corrida ont encore un argument : pour eux, l'exception tauromachique à la loi Grammont viole le principe constitutionnel d'égalité des citoyens devant la loi. Dans sa décision du 21 septembre 2012[26], le Conseil constitutionnel juge que l'exception culturelle des courses de taureaux n'y contrevient pas : « *Le grief tiré de la méconnaissance du principe d'égalité doit être rejeté.* » En effet, la première phrase du fameux alinéa ajouté à la loi Grammont concernant les corridas (la seconde, ajoutée plus tard, concernera les combats de coqs) « *ne méconnaît aucun autre droit ou liberté que la Constitution garantit, [*elle*] doit être déclarée conforme à la Constitution* ».

En pareil contexte polémique, on voit aisément combien l'émergence du courant écolo-animaliste vient mettre la pression sur le monde du taureau. Résister, s'opposer au tsunami, ne peut plus guère suffire. Ne conviendrait-il pas d'oser surfer sur la

26. Décision DC (Contrôle de constitutionnalité) N° 2012-271 QPC (Question prioritaire de constitutionnalité) du 21 septembre 2012.

vague : de chercher à prendre résolument en compte, pour elles-mêmes, les questions posées ?

Dans ce conflit à rebondissements, quelle a été l'attitude de l'Église catholique ? Limitons-nous encore à la France et à Nîmes. C'est assez significatif de ce qui peut se passer ailleurs. Globalement, la voix des évêques français ne se fait guère entendre sur la tauromachie, y compris dans les régions taurines du Sud-Est comme du Sud-Ouest. Les rares fois où l'un d'eux prend la parole, il est fait référence à la bulle *De salute gregis* du pape Pie V, dont il connaît la teneur même s'il ne l'a pas forcément lue de très près. Il n'est tenu aucun compte de l'histoire qui a suivi.

Ressortent des paroles épiscopales officielles deux textes des évêques de Nîmes, adressés à leurs diocésains et publiés à l'occasion des premières véritables corridas espagnoles données dans les arènes de la ville. Malgré leur référence à l'ancienne bulle papale, elles sont fort significatives de la nouvelle attitude, dans laquelle on peut reconnaître une expression naissante de la sensibilité écologique en général, et animaliste en particulier. Consciemment ou non, l'accent a glissé du souci principal de l'Homme à celui du taureau. Ces évêques, eux aussi, sont de leur époque.

Originaire de l'Ain, Mgr Claude-Henri Plantier, évêque de Nîmes de 1855 à 1875, est choqué par cette passion pour les taureaux qui lui apparaît comme barbare. Lors de sa rencontre avec le pape Pie IX, en 1858, il lui demande son avis sur « *ce douloureux détail de nos mœurs locales* » ; quelque temps après, « [Rome] *nous pressa de protester contre ces spectacles indignes d'un peuple chrétien* ». C'est pourquoi, le 16 mai 1863, soit moins d'une semaine après la corrida phare du 10, Mgr Plantier écrit à ses diocésains une « Lettre pastorale » indignée et quelque peu grandiloquente dans laquelle il condamne les sentiments de spectateurs qui se repaissent de la souffrance des taureaux et des chevaux[27], voire des Hommes, d'après ce qu'il a compris à travers les récits qui lui ont été rapportés : « *Quand on nous raconte le détail de ces hideux combats, nous croyons entendre un récit des temps païens. » (§1)*

« [Ces jeux] ne sont attrayants que par le côté du péril et de la souffrance. Ce sont surtout les inquiétudes

27. À l'époque, les chevaux n'ont aucune protection, et plus d'un se fait éventrer. Après des essais peu concluants fin XIXe, il faudra attendre les années 1924-1925 pour que deux Nîmois créent enfin un « caparaçon » efficace, qui n'a cessé depuis de se perfectionner. Il est aujourd'hui très rare qu'un cheval soit blessé.

ou les douleurs du taureau qui vous passionnent ; et certes, quoi qu'on en puisse dire, ce genre de satisfaction n'est pas chrétien. L'esprit de douceur et de mansuétude fait essentiellement le fond de l'évangile. […] Du Maître, cette vertu doit passer aux disciples ; et telle en est la tendresse, telle en est l'étendue, dans les pensées de Celui qui l'a commandée, qu'elle doit s'interdire non seulement de torturer, mais même de froisser, mais même d'inquiéter un être quelconque pour se faire un divertissement de ses tristesses. » (§2)

« Barbare vis-à-vis des animaux, qu'est-il [ce spectacle] vis-à-vis de l'Homme qui lutte contre eux ? Il est au moins dangereux quand il n'est pas meurtrier. Voilà le taureau en furie. […] Soutiendra-t-on qu'en aucun jour néfaste, on ne l'a vu soulevant les toréadors avec ses cornes indignées, les lancer dans les airs à des hauteurs formidables, pour les laisser retomber sur le sol de l'arène, meurtris, broyés, expirants, et joignant, pour la plus grande satisfaction de l'assemblée, un cadavre d'Homme aux cadavres de bêtes semés çà et là par la force impitoyable de l'animal vainqueur ? (§3) […]

Et l'on oserait dire, après cela, que des chrétiens peuvent décemment assister à de pareilles scènes ? (§3) […]

Ainsi du côté du spectacle rien n'est digne du chrétien parce que tout est frivole ou barbare. » (§3)

« Pourquoi ressuscitons-nous le désordre de ces mœurs [païennes] abolies ? » (§1), se demande l'évêque.

Le sort des animaux, maintenant passé au tout premier plan, reste assorti de ce qu'on appellera bientôt le « sadisme » des spectateurs.

Originaire du Doubs, Mgr Louis Besson, successeur de Mgr Plantier de 1875 à 1888, publie le 15 août 1885 une « Instruction pastorale » à propos de la corrida nîmoise du 9 août[28], à l'affiche prestigieuse[29]. Il vaut la peine d'en mesurer le ton, impensable aujourd'hui : « *Nous défendons à tous nos diocésains d'assister aux combats de taureaux, déclarant conformément à la bulle de Saint Pie V qu'ils commettraient une faute grave s'ils enfreignaient notre défense.*

Nous blâmons sans détour les courses qui sont en usage dans quelques paroisses ; elles ont leur danger et pour les animaux et pour les Hommes, elles excitent une curiosité malsaine […].

---

28. Mgr Besson parle du 9 août (un dimanche) et une source taurine du 10 (un lundi) : le 9 semble préférable.

29. 6 Toros de Veragua (espagnols) pour Salvador Sánchez Povedano dit *Frascuelo* (*sobresaliente*, son frère Francisco).

Nous faisons aux journaux catholiques de notre diocèse la défense formelle de prêter aux combats de taureaux leur publicité et leurs réclames. S'ils doivent élever la voix, c'est pour les condamner hautement. »

Chose assez unique, semble-t-il, on trouve dans cette instruction pastorale une allusion à l'air du temps, assez fine pour déceler dans le monde taurin une subtile contradiction et assez incisive pour oser la pointer : « *Vous vous piquez de marcher avec votre siècle et d'en partager les généreux sentiments et les grandes pensées. Eh bien ! Ce siècle a fait aux animaux une large part dans ses préoccupations et dans ses lois*[30]. » Quoi qu'il en pense, quoi qu'il en dise, le monde du taureau serait-il donc figé dans le passé ?

Le 22 mai 1888, alors qu'il est en tournée pastorale dans les Cévennes, Mgr Besson apprendra que le nouveau conseil municipal de Nîmes souhaite obtenir du gouvernement l'autorisation de donner des « combats de taureaux ». Depuis le bourg de Génolhac, il rappellera à son rédacteur de la *Semaine religieuse* – le bulletin diocésain hebdomadaire – son instruction pastorale publiée trois ans auparavant. Et il écrira : « *À ce vœu* [du conseil municipal de Nîmes]

30. L'allusion à la loi Grammont, de 1850, est évidente.

aussi impie qu'il est inhumain, je renouvelle en ma qualité d'évêque et de pasteur des âmes et avec toute l'autorité de ma charge le dispositif du mandement que j'ai donné sur ce sujet en date du 15 août 1885. »

Mais Mgr Jean Cadilhac, son lointain successeur (1978-1999), ne manquera pas une corrida de Feria, lui…

Toutefois, il ne faudrait pas croire que le basculement du souci de l'Homme au souci du taureau ait été brutal ni total. Au début du XXe siècle, le type de tauromachie des lointaines origines existait encore dans des villages de Castille et y soulevait les passions. Témoin les écrits taurins d'Eugenio Noel (1885-1936), infatigable pourfendeur de la tauromachie de son époque, qu'il connaissait d'ailleurs fort bien, bien mieux sans doute que beaucoup d'aficionados. Ses nouvelles[31] sont un immense paradoxe. La qualité de leur écriture fait qu'elles peuvent conduire à s'enthousiasmer pour ce qu'elles dénoncent : une tauromachie certes haute

31. Eugenio Noel, *Les toros du désespoir*, traduit de l'espagnol par Henri Armengaud, Max Tastavy et Marc Thorel ; Union des bibliophiles taurins de France, 2002 ; ISBN : 2-909521-23-0 (traduction de nouvelles parues en 1915, sous le titre de *Las capeas*, Madrid, Imprenta Helénica).

en couleur, mais âpre et sauvage. En voici, parmi cent autres possibles, un exemple typique ; il date de 1915 :

« *Un gendarme entra dans la pièce, la langue dehors comme un chien courant, les yeux exorbités, la tête à l'envers. Il en bégayait.*

— Monsieur le Maire, Monsieur le Maire…

— Qu'y a-t-il ?

— Il y a… il y a… il y a que…

— Parle ! Que la foudre te pétrifie !

— Des toros… deux… de la bouillie… une tuerie… du sang à flots…

Le maire courut au balcon. Ce qu'il vit dépassait les limites de l'entendement humain : deux toros bravos, fous de rage, balayaient la place, renversant hommes, femmes, enfants, dans une charge irrésistible, malmenant ceux déjà à terre, piétinant des montagnes de malheureux et distribuant des coups de corne à droite et à gauche, avec une rapidité hallucinante.

L'alcalde porta ses mains à sa tête et serra très fort ; il lui semblait perdre la raison.

Très vite, la place prit l'aspect d'un champ de bataille : des mares de sang, des débris de cervelles, des corps démembrés, des mourants qui se traînaient les tripes à l'air, des monceaux de cadavres dans des positions indescriptibles, des Hommes troués par la corne, saignant comme des fontaines…

Les toros regagnèrent la campagne. Un silence, plus tragique encore, succéda à l'horrible fracas. On entendait seulement, de temps en temps, une voix qui demandait de l'aide ou qui maudissait son infortune, ou qui lâchait un ultime et sinistre soupir.

Dans une ruelle, un peu pâles, mais souriants, Zéphyrin et Épiphanien [les deux novilleros qui devaient combattre ces deux toros et se mesurer ainsi l'un à l'autre] *se dévisageaient.*

Ils avaient eu la même idée tous les deux, prendre la clef d'Émeterio et lâcher les toros.

Lequel [des deux] *était la brute la plus épaisse ?*

Et ils se regardaient en souriant, sans parler.

À la tombée de la nuit, le maire appela le gouverneur.

— J'ai l'honneur d'informer Votre Excellence que tout est terminé.

— Félicitations ! Il faut tenir le peuple serré… et l'éduquer ! Ces capeas *sont barbares…*

— Ils voulaient des toros et ils en ont eu !

— Comment ? Que dites-vous ?

— Oui, Votre Excellence, la capea *a eu lieu. Les toros se sont échappés et ont tué ou blessé beaucoup de monde.*

— Bien fait! Ne voulaient-ils pas des toros?

— Maintenant, je demande instamment à Votre Excellence l'envoi de tout un régiment de la Garde civile. Il est certain que l'on va me mettre sur le dos tout ce qui est arrivé![32] »

Saisissant! Or, cette même année 1915, José Gómez « Joselito », alias « Gallito », et Juan Belmonte avaient le génie de créer ensemble les bases de la corrida moderne, technique et artistique, définitivement policée…

Pendant des décennies, les opposants actifs à la corrida restaient extrêmement minoritaires. Ils étaient couramment tournés en dérision par l'aficion. Depuis trente ou quarante ans, il n'en va plus du tout de même. En Espagne, les jeunes générations se détachent des corridas: le football les a supplantées. Les étoiles du Barça ou du Real Madrid ont remplacé les Manolete et autres Cordobés. En France, la corrida s'est pas mal éloignée de ses bases populaires, plutôt attachées aux

32. *Op. cit.* p. 44-45.

courses camarguaises, aux courses landaises, ou encore aux taureaux de rue.

La corrida était née porteuse de ce qu'on peut appeler le contexte culturel « premier » de l'Homme par rapport à la nature. Elle avait, par là, quelque chose de « naturel ». Par ce qu'elle est – ou paraît être ? –, elle s'est mise à repousser le plus grand nombre, ou même à le révulser. Elle a semblé venir des abîmes infernaux plutôt que des hauteurs du ciel.

La profonde et lente dérive des sensibilités à l'égard de la corrida se poursuit de nos jours. Avec la vague écolo-animaliste, elle se radicalise et parfois s'exacerbe. Elle se généralise et s'organise, aussi bien en Europe qu'en Amérique latine. Pour des raisons assez diverses, elle est abondamment relayée par certains politiques et certains médias. Ses manifestations ne semblent pas manquer de financements.

Mais il ne faudrait pas se méprendre. Le mouvement de fond relève d'un fort ressenti plus ou moins obscurément vécu, d'une évolution culturelle intime, infiniment plus que de quelque projet préconçu et parachuté. Il existe, certes, d'habiles surfeurs de vague, guidés par leur flair et leurs intérêts propres ; mais la théorie du complot n'est pas de mise. En ce qui concerne les cultures et leurs transformations, événements et expérience précèdent à peu près toujours la réflexion qui, peu à peu, déchiffre, décode et relit ce vécu. Le vécu intuitif précède la raison ; la raison, quant à elle – et c'est heureux ! –, réfléchit ce que l'intuition a engendré. C'est tout le travail de la philosophie, tel celui d'un Michel Serres ; tout le travail de l'histoire, qui relit le passé et tente de lui donner du sens : tel ce *Pourquoi j'ai mangé mon père* qui interroge avec humour l'insatiable soif de création et de nouveauté dont l'Homme n'a jamais cessé de faire preuve depuis ses origines, surmontant les oppositions les plus farouches.

D'ailleurs, les aficionados eux-mêmes sentent bien l'évolution actuelle de nos sociétés, sans forcément l'avoir tout à fait réfléchie. Est-ce un hasard si, de fil en aiguille, quasiment plus un auteur taurin ne parle aujourd'hui de l'affrontement de l'Homme avec le toro comme figure de l'affrontement de l'Homme avec la Nature brute ? Qui donc, de nos jours, pourrait être touché par une telle argumentation ? Pas même un aficionado sans doute. Dans les années 50, ce n'était pas le cas.

La question ne peut plus être éludée. En lui-même, l'élevage du taureau de combat est certes très écologique. C'est un élevage extensif. Il occupe des sols généralement pauvres. Il préserve de vastes espaces naturels au bénéfice de la faune et de la flore sauvages. Il maintient l'existence d'une espèce bovine sauvage qui a quasiment disparu partout ailleurs. Mais la corrida elle-même ? La sensibilité écolo-animaliste, qui se généralise aujourd'hui, en est couramment scandalisée.

Pour autant, ne soyons pas naïfs. La corrida a certes une portée symbolique forte. Mais on peut hautement douter qu'elle soit le lieu du véritable combat animaliste. Pourquoi ne voit-on guère de levée de boucliers analogue – au moins aussi passionnelle, aussi organisée, aussi financée – contre les élevages industriels qui font vivre aux animaux des conditions peu compatibles avec leur nature… contre les abattoirs industriels qui, même dans les meilleurs des cas, traitent ces animaux à la chaine, comme des objets… contre ces pesticides qui stérilisent les sols, nuisent à la santé humaine, détruisent les insectes – dont les abeilles et les pollinisateurs –, entraînant un inquiétant déclin des passereaux et autres oiseaux de plus en plus privés de leur nourriture ? Sans parler des graves perturbations, amplifiées voire engendrées par nos modes de vie, dans les grands équilibres et les écosystèmes planétaires. À se demander si cette guerre acharnée contre la corrida ne ferait pas fonction de leurre, d'os à ronger en quelque sorte, permettant de masquer d'urgentes remises en question de nos économies, largement dirigées par les profits de la seule finance – cette *crotte du diable*, comme dit le pape François[33] ? La corrida n'est qu'une poussière à côté de ces gigantesques problèmes. On ne voit pourtant guère d'opposants à la corrida s'y attaquer avec leur fougue taurine…

Gardons-nous d'être dupes. Mais que cela ne nous empêche en rien d'aller au bout de notre propos : existerait-il un point de vue selon lequel l'acte tauromachique pourrait prendre sens dans notre nouveau contexte culturel ? Ou bien toutes les tauromachies, à commencer par la corrida, sont-elles devenues si obsolètes et si scandaleuses que le tsunami planétaire de la révolution écolo-animaliste doit enfin les culbuter ? Voilà le défi.

---

33. Angélus du dimanche 22 septembre 2019 sur la place Saint-Pierre, à Rome.

Foin des dogmatismes

Dans notre contexte culturel, la tauromachie, et tout particulièrement la corrida, peut-elle encore faire sens et avoir une signification sociale ? Ou est-elle devenue absolument scandaleuse et obsolète ?

Le problème étant posé, il convient tout de même de prendre un certain recul, de nature à légitimer un tel questionnement. Le courant écologique, si essentiel, si justifié soit-il, serait-il exempt de toute ambiguïté, exempt de toute déviance ? Et la corrida, si contestée, voire contestable soit-elle, serait-elle exempte de toute valeur humaine, exempte de toute valeur écologique et animaliste ? L'histoire nous le montre : cultures et mouvements sociaux ne sont jamais ni tout noirs ni tout blancs ; en outre – facétie de la vie –, le meilleur peut parfois engendrer du pire et le pire ouvrir à du meilleur.

Avec toutes les richesses humaines qu'elle a permises, la reconnaissance de la valeur de la personne humaine comme première par rapport à ses appartenances[34] n'a-t-elle pas fait aussi le lit de l'individualisme contemporain, qui mine les solidarités de nos sociétés occidentales ? Avec tous les drames qu'ils ont causés, le nazisme et la Seconde Guerre mondiale n'ont-ils pas conduit aussi à la création de l'Europe, grâce à l'initiative de Robert Schumann et de son ami Jean Monnet ? Ni condamnations sans appel ni bénédictions ingénues ne brillent par leur pertinence. Avec ses complexités et ses retournements, l'histoire est une réalité qui ne cesse de déjouer les simplifications auxquelles nous recourons si facilement, pour soutenir notre cause ou nous défendre.

Sans nous départir de ce recul, venons-en donc à la redoutable question aujourd'hui posée à la corrida dans notre société.

---

34. Laquelle reconnaissance est un effet culturel du judéo-christianisme en Occident : voir Livre du prophète Ézékiel 18.2 (et tout ce chapitre 18) ; Évangile selon Matthieu 10.37, et parallèle en Luc 14.26 ; Frédéric Lenoir, *Le Christ philosophe*, Éd. Plon, Paris 2007 ; p. 74-77. Ce n'est pas tout à fait par hasard qu'en Extrême-Orient le nom de famille passe avant le pré-nom.

S'il fallait faire un seul reproche aux opposants à la corrida les plus convaincus, ce serait, je crois, celui de rendre tout dialogue impossible. À l'instar des rationalistes doctrinaires du XIXe siècle, de bien des communistes de l'après-guerre, de certains anticléricaux agressifs, des intégristes religieux de tout poil – chrétiens, musulmans ou autres –, ils sont d'une intolérance radicale : ils détiennent la vérité. On se retient de leur lancer en boutade : « Vous êtes encore plus dogmatiques que le pape ! » – lequel, d'ailleurs, ne l'est pas forcément.

Mais inversement, s'il fallait faire un seul reproche à la plupart des ardents défenseurs de la corrida, ce serait certainement celui de critiquer à l'envi ce qu'ils considèrent comme les errements ou les incohérences des anti-taurins, et de s'en contenter. Autre forme d'intolérance…

Bien sûr que les anti-taurins ont souvent des comportements inacceptables. À la manière d'une minorité agissante vindicative, ils ont une stratégie d'intimidation envers les personnes et les institutions, digne de la *cancel culture* de nos réseaux sociaux. Dans la bataille, ils font feu de tout bois ; manipulation, mensonge et violence leur sont, hélas !, pratiques courantes. Et cela n'a vraiment rien d'un procès d'intention. En voici un petit florilège, non exhaustif, mais significatif. L'accumulation permettra de mieux mesurer de quoi il s'agit réellement.

Il faut avoir vu le village de Rodilhan, aux portes de Nîmes, littéralement assiégé par cinq ou six cents manifestants amenés en bus de tous les coins de France et défendu par des centaines de gendarmes regroupés le long de solides barrières. Sans parler des aficionados retranchés derrière lesdites barrières, toussant et pleurant en raison des gaz lacrymogènes employés par les forces de l'ordre pour contenir les assauts. Sans parler des compliments adressés au maire, afin d'assurer sa publicité auprès des habitants du village, eux-mêmes bloqués chez eux tout un dimanche par cette manifestation agressive coupant le village en deux. Sans parler des noms d'oiseaux ou même des coups reçus, au passage, par les aficionados… ou encore du pot de peinture déversé sur la tête de l'un d'eux. Rodilhan n'étant qu'un exemple parmi tant d'autres, tout aussi violents, que ce soit dans le Sud-Est ou dans le Sud-Ouest. Craignant pour l'ordre public ainsi que pour leur image et leur réélection, bien des élus capitulent, aussi discrètement que possible; on peut les comprendre, à défaut de les approuver.

Il faut avoir vu telle grande enseigne commerciale retirer de la vente telle marque espagnole de jambon cru, après avoir reçu un flot de courriels menaçant de boycotter ses magasins. Le délit ? Il y avait un petit dessin de matador imprimé sur l'enveloppe de ces jambons : quelle honte, n'est-ce pas ? Bien des entreprises ont peur de faire baisser leur chiffre d'affaires en soutenant une activité liée à la tauromachie. Témoin la société Pernod-Ricard, traditionnel partenaire des tauromachies camarguaise, landaise, espagnole et portugaise, dont les nouveaux investisseurs américains viennent de sabrer le partenariat taurin, en désertant un tissu de plusieurs milliers d'associations de passionnés locaux, fidèles à sa marque : la tauromachie a mauvaise image, ce pourrait être préjudiciable. Parions qu'Ava Gardner doit se retourner dans sa tombe, comme on dit !

Il faut avoir reçu ou lu les courriers menaçants, insultants, grossiers, souvent anonymes, reçus par de hauts fonctionnaires, par des élus, par des évêques ou des prêtres, par des associations taurines, par des personnalités du monde culturel ou politique, afin de les dissuader de participer aux corridas ou de les inciter à les interdire.

Comme le pointe dans ses conférences le professeur Antonio Purroy Unanua, professeur à l'université publique de Navarre : « *Les anti-taurins et les animalistes ont réussi à faire en sorte que des gens qui viennent à la corrida ressentent de la peur et des complexes.* » Mais la plupart n'en ont cure.

C'est une véritable bataille qui se déroule. Vous pouvez dire et redire cent fois que le public des arènes ne vient pas là pour voir du sang ou voir « torturer » un animal, mais pour voir un Homme de rien du tout se mesurer à un taureau capable de le tailler en pièces d'un seul coup de corne : sadique vous êtes, sadique vous restez. Et « Assassins ! », qui plus est. Vous pouvez dire et redire cent fois que les enfants ne sont en rien traumatisés quand ils viennent aux arènes, dès lors qu'ils sont accompagnés par des adultes aimant la corrida et qu'ils peuvent parler librement avec eux : ils n'en croient pas un mot. Vos enfants, vos neveux et vos nièces sont forcément blessés à vie, et vous-même n'êtes qu'un inconscient ou un malhonnête… même si, à votre époque, vous avez été l'un de ces enfants et n'en avez pas reçu le moindre traumatisme. Vous pouvez dire et redire cent fois qu'avant de faire sortir un taureau en piste, il n'est nul besoin de l'exciter pour qu'il soit agressif, qu'on ne lui met pas de glycérine dans les yeux pour troubler sa vue, qu'on ne lui transperce pas les testicules avec des aiguilles pour le rendre furieux et l'affaiblir, qu'on ne lui met pas de coton dans les narines pour entraver sa respiration, et que sais-je encore : vous n'êtes pas crédible puisque vous êtes un sadique qui ne veut pas se reconnaître tel et ne cherche qu'à justifier son vice par le mensonge ou l'illusion. Et si, par hasard, vous insinuez qu'ils sont plus durs envers les humains qu'envers les animaux, les voilà ravis : vous commencez à comprendre que les Hommes – au fait, en font-ils partie ? – sont le malheur de la planète et ces pauvres animaux leurs victimes. Gastounet – surnom affectueux donné à Gaston Doumergue dans son village natal d'Aigues-Vives – doit soupirer…

Autant dire qu'est d'avance disqualifié tout discours ne confortant pas dans ses idées un anti-taurin convaincu, virulent. Alors que, aussi éculé soit-il, tout propos allant à l'encontre de la corrida est d'emblée tenu pour vrai et aussitôt brandi comme une arme de guerre.

Quand l'un détient la vérité, l'autre différent peut-il être autre chose qu'un menteur ou un pauvre imbécile ? Impossible dialogue. On souhaiterait entendre à nouveau la voix du prophète Ézékiel (vers - 580), apostrophant le roi de Tyr qui ne cessait de se vanter et d'encenser son insolente réussite : « *Tu es un Homme et non un dieu, toi qui prends tes pensées pour des pensées divines.*[35] »

---

35. Livre du prophète Ézékiel 28.2.

Dès lors, vaut-il encore la peine de s'essayer à chercher un chemin de rencontre et d'échange, sinon de dialogue, avec les « anti-corrida » ?

Eh bien ! Pourquoi pas ? C'est mon pari…

Mais si nous commencions par nous-mêmes, aficionados ? Aussi justifiés que puissent être les griefs de l'aficion envers la fronde anti-taurine, il est à craindre qu'ils ne répondent pas vraiment au cœur de la question soulevée. Critiquer une réalité uniquement par ce que l'on considère comme erreurs, incompréhensions ou déformations ne sert pas à grand-chose. Rien, absolument rien n'y résiste ! À commencer par celui qui critique : quand bien même aurait-il plutôt raison, n'a-t-il pas, lui aussi, ses propres erreurs, ses propres faiblesses, ses propres déviances, plus ou moins conscientes ? Au-delà de ses petits côtés, de ses travers, de ses éventuels errements, c'est le meilleur de l'autre qu'il s'agit avant tout d'entendre et auquel il faudrait s'efforcer de répondre. Tant que l'on n'a pas mis au jour le meilleur d'un adversaire, on ne l'a pas compris, on ne l'a pas « entendu » : on ne peut ni porter sur lui un réel regard critique – au bon sens du mot « critique », celui des sciences –, ni l'interpeler de manière pertinente et recevable, ni même avoir un échange avec lui.

La plupart des défenseurs de la corrida dénoncent ce qu'ils perçoivent comme les errements ou les incohérences des anti-taurins ? Il n'en manque certes pas. Mais comment croire que la corrida soit décriée depuis ses origines sans qu'il y ait quelque part quelque raison compréhensible ? Elle n'a jamais tout à fait correspondu à la société de son époque, et maintenant moins que jamais. Difficile de penser que tout soit archifaux dans le haut-le-cœur éprouvé par beaucoup : autrefois à la vue du danger « inutile » encouru par l'Homme, et maintenant à la vue des « mauvais traitements » subis par le taureau. Aficionados, nous trouvons le dialogue impossible avec les « anti », ce n'est pas sans raison ; tout absorbés par leur combat, ils sont bien loin de ce zeste de bienveillance qu'il faut pour chercher et déceler le meilleur d'un adversaire. Néanmoins, le compliment pourrait sans doute nous être retourné !

C'est d'ailleurs un sujet sur lequel l'Église catholique est pourvue d'une riche expérience, elle qui avait tellement pensé détenir « la » vérité et qui, peu à peu, s'est ouverte à cette modernité qui l'avait tellement contestée, ainsi qu'au dialogue interreligieux qu'elle avait si longtemps qualifié de déplorable relativisme. Ne serait-il pas salutaire d'en retenir quelque leçon d'humilité, et surtout d'humanité ?

Alors, que pourrait-on « entendre » des adversaires actuels de la corrida au nom du respect de l'animal ? Outre les grands écrits animalistes[36], l'une de leurs références préférées, tout particulièrement quand ils s'adressent à des chrétiens, est François d'Assise (1181/1182-1226), bien connu pour son fameux *Cantique des créatures*, écrit à la fin de sa vie. Sa puissante évocation poétique, imprégnée de toute une dimension spirituelle, touche bien des gens :

Loué sois-tu, mon Seigneur, avec toutes tes créatures,
Spécialement messire frère Soleil,
Par qui tu nous donnes le jour, la lumière ;
Il est beau, rayonnant d'une grande splendeur,
Et de toi, le Très Haut, il nous offre le symbole.

Loué sois-tu, mon Seigneur, pour sœur Lune et les étoiles :
Dans le ciel tu les as formées,
Claires, précieuses et belles.

Loué sois-tu, mon Seigneur, pour frère Vent,

36. Le plus radical et le plus fondateur : Peter Singer, *Animal Liberation*, New York, 1975 ; traduit en français chez Grasset, Paris, 1993, sous le titre de *La Libération animale*.

Et pour l'air et pour les nuages,
Pour l'azur calme et tous les temps :
Grâce à eux tu maintiens en vie toutes les créatures.

Loué sois-tu, mon Seigneur, pour notre sœur Eau,
Qui est très utile et très humble,
Précieuse et chaste.

Loué sois-tu, mon Seigneur, pour frère Feu,
Par qui tu éclaires la nuit :
Il est beau et joyeux,
Indomptable et fort.

Loué sois-tu, mon Seigneur, pour sœur notre mère la Terre,
Qui nous porte et nous nourrit,
Qui produit la diversité des fruits,
Avec les fleurs diaprées et les herbes.

[...] Loué sois-tu, mon Seigneur,
Pour notre sœur la Mort corporelle,
À qui nul Homme vivant ne peut échapper.

Voilà qui est en heureuse consonance avec la sensibilité écologiquc contemporaine envers notre « maison commune » : la planète et tous les êtres vivants qui la peuplent. Car François d'Assise vivait envers les animaux la même attitude fraternelle qu'envers les humains, même si la légende ne s'est guère privée d'amplifier les événements.

François a pacifié le terrible loup de Gubbio qui terrorisait la région : « *Viens ici, frère loup, je t'ordonne au nom de Jésus-Christ de ne faire aucun mal, ni à moi ni à personne.* » Le loup se laissera ensuite gentiment nourrir, jusqu'à la fin de sa vie, par les habitants qu'il terrorisait autrefois.

On connaît le célèbre prêche aux oiseaux de François, qui n'a cessé d'inspirer des artistes comme Giotto, Franz Liszt ou Olivier Messiaen. « *Comme il continuait son chemin dans la même ferveur, il leva les yeux et vit quelques arbres sur la route, sur lesquels il y avait une multitude, presque infinie d'oiseaux ; saint François en fut émerveillé et dit à ses compagnons : "Vous m'attendrez ici sur la route, et j'irai prêcher à mes frères les oiseaux". Et il entra dans le champ et il commença à prêcher aux oiseaux qui étaient à terre ; et aussitôt, ceux qui étaient sur les arbres vinrent auprès de lui, et tous ensemble restèrent immobiles jusqu'à ce que saint François eût fini de prêcher*[37]. »

---

37. *Fioretti de Saint François d'Assise,* chapitre XII (l'ouvrage date de la fin du XIVe siècle).

Le contemporain et biographe de François d'Assise, Thomas de Celano, écrit : « *Il appelait frères et sœurs tous les êtres ; et d'une manière extraordinaire et inconnue aux autres, il savait, grâce à la perspicacité de son cœur, pénétrer jusqu'au plus intime de chaque créature.* » Lui seul pourrait le garantir, mais, s'il les avait connues, il ne fait guère de doute que François d'Assise – à l'inverse de Thérèse d'Avila – n'aurait pas été un fervent aficionado des courses de taureaux, de quelque genre qu'elles soient.

Farfelue, l'intuition poétique et spirituelle de François d'Assise ? Peut-être pas autant qu'on pourrait le croire. Aujourd'hui, ne voyons-nous pas à la télévision et sur les réseaux sociaux des humains ayant établi une relation d'affection mutuelle durable avec des animaux aussi dangereux qu'un lion ou un gorille, certes nés en captivité ou sauvés de la mort juste après leur naissance, mais parfois revenus à la vie sauvage ? Même si un certain savoir-faire et une certaine prudence restent de mise, il n'est plus question de domination, encore moins d'affrontement, et moins encore de prédation… bien qu'il faille, tout de même, se procurer de la viande pour nourrir le lion familier. Surprenant, même si la domestication par l'Homme du loup, du chat, de l'aurochs, du cheval semble relever d'un long processus analogue. Et si, plutôt que rêve illusoire, l'intuition poétique et spirituelle du *poverello* d'Assise était porteuse d'une promesse, d'une réelle promesse ?

Ou encore, cet enfant italien qui s'est retrouvé suivi par un ours brun dans la montagne. Par passion personnelle, il avait étudié le comportement des ours : il savait qu'il ne devait pas s'enfuir, car cela déclencherait l'attaque de l'animal ; il savait qu'il devait éviter tout geste brusque, susceptible d'engendrer aussi une agressivité. Avec un aplomb incroyable, il a suivi les recommandations apprises et tout s'est bien passé. L'ours a fini par s'en aller tranquillement, de lui-même. L'enfant, quant à lui, ne rêve que de recommencer… Sans la récente science de l'éthologie, qui étudie et s'efforce de comprendre les comportements des espèces animales dans leur milieu naturel, cela n'aurait été ni possible ni même pensable. Là encore, on voit bien, non sans un certain émerveillement, qu'il peut réellement y avoir quelque chose de pacifié dans la relation entre l'Homme et l'animal sauvage. Soit tout le contraire de la corrida, bien qu'elle recherche l'apaisement : le *temple*, harmonie entre la charge du taureau et le geste de l'Homme. En dépit de tous leurs excès, les anti-taurins ne sont-ils pas habités d'une belle intuition ? Ne mériterait-elle pas d'être mieux « entendue » par l'aficion ? La sensibilité écologique n'est la propriété de personne et les aficionados sont loin d'y être étrangers.

On note, à juste titre, que l'Homme actuel, devenu très majoritairement urbain, a quasiment perdu son contact ancestral avec la nature. Du coup, il voit le monde animal à travers ce qu'il en connaît le mieux : l'animal de compagnie. Elle échappe largement à l'expérience de l'Homme de la ville la brutalité globale du règne animal, dans lequel la peur d'être attaqué est permanente, dans lequel il faut se protéger et se défendre pour n'être pas mangé, dans lequel il faut se battre, parfois à mort, pour se nourrir, s'accoupler ou devenir le dominant du groupe. De même que lui échappe la nécessité de tuer soi-même, pour s'en nourrir, un poulet, un cochon, un lapin ou un chevreau, voire un bovin : on s'en décharge sur les abattoirs. De même que lui échappe la notion d'animal de rente, comme on dit : le chien n'est plus là essentiellement pour garder et pour chasser, c'est aussi et d'abord un animal de compagnie ; le cheval n'est plus là pour tirer la charrette ou la charrue, il est devenu lui aussi animal de compagnie aux vertus thérapeutiques reconnues, qu'il n'est plus question de manger[38] ; le chat peut bien chasser les souris dans la maison ou les oiseaux dans le jardin, mais lui aussi est devenu animal de compagnie… ce qui ne l'empêche nullement d'être devenu, chez nous, l'un des principaux prédateurs de ces petits oiseaux en voie de disparition. D'après la littérature scientifique, le nombre d'oiseaux tués par les chats domestiques est estimé à 55 millions en Grande-Bretagne et 500 millions aux États-Unis. En extrapolant pour la France, on arrive à environ 79 millions d'oiseaux. Le monde naturel est rarement très tendre. Ils le savent bien, ceux qui vivent à la campagne au contact de la faune sauvage, et qui aiment leurs animaux d'élevage tout en sachant bien qu'ils seront un jour mangés. C'est un brin goguenards qu'ils écoutent certains discours des « gens de la ville ».

Cependant, bien qu'en partie illusoire, cette évolution culturelle considérable apparaît d'autant plus « naturelle » que rencontrer sereinement un ours dans la forêt ou établir une relation confiante avec un animal sauvage, tels un gorille ou un fauve, ne relève

38. Une « citoyenne militante pour les droits des animaux » a même lancé, en août 2020, une pétition « pour que le cheval obtienne le statut d'animal de compagnie et par conséquent ne soit plus destiné aux abattoirs ». Elle a dépassé les 100 000 signatures.

plus de l'impossible. De ce point de vue, Walt Disney aura été, avec *Bambi* (1942), un génial précurseur et promoteur de l'air du temps.

Mais la réalité résiste. Contrairement à ce que pourraient laisser penser certains discours écologistes, la nature n'est pas d'emblée harmonieuse. Elle est constitutivement marquée par la mort violente. Une violence souvent chaotique parcourt toute l'histoire du cosmos, de notre Système solaire, de notre planète Terre et de tous les êtres vivants qui la peuplent. La nature est même, d'une certaine façon, habitée par le mal : que l'on songe, par exemple, aux milliards « d'essais » ratés de l'évolution des êtres vivants, à ces épidémies, ces maladies et ces catastrophes naturelles qui font tant de victimes innocentes. Sans parler de nos propres rapports de force, de nos injustices, de nos guerres... déjà en germe dans le monde animal, et même esquissés chez nos cousins chimpanzés et bonobos. Il ne s'agit certes pas pour l'Homme de se référer aux violences de la nature pour justifier les siennes. Mais il serait illusoire et trompeur d'en occulter l'existence.

Il est assez évident que notre nouvelle relation à la nature et à l'animal contribue largement à faire le lit des anti-taurins. La corrida vient heurter de plein fouet la sensibilité nouvelle de l'Homme de la ville. Curieusement, pourtant, il arrive que des professionnels de la corrida, souvent eux-mêmes gens de la ville, en partagent quelque chose. Tuer un taureau, oui ; mais saigner une volaille, non ! Combattre et tuer un taureau à cheval dans les arènes, pas de problème pour la brillante Nîmoise Léa Vicens. Mais quel plaisir, pour elle, cette complicité avec le cheval ! Quel plaisir, depuis son enfance, d'apprivoiser patiemment un oiseau, un renard ou un écureuil sauvages en liberté ! Par ce respect de l'animal tout en assumant la prédation, elle s'inscrit dans l'écologie naturelle. La vie n'est guère doctrinaire. Elle se plaît à marier les diversités, les contraires, et parfois même les contradictions. Foin des dogmatismes !

Le monde taurin se désole couramment des nouvelles attitudes animalistes. Il les taxe volontiers de rêve, de naïveté, d'irénisme idéaliste, de sentimentalisme déconnecté des réalités. Il n'a certes pas tout à fait tort ; témoin, témoin de choc, ce spécialiste des serpents, mordu et tué par l'un d'eux lors d'une démonstration télévisée. Mais en rester à un rejet abrupt serait vraiment à courte vue. Si « l'autre » est réduit à ce qu'il paraît avoir de faussé ou de dénaturé, s'il est discrédité d'avance, s'il est nul : de quelle considération peut-il encore faire l'objet ? Comment pourrait-il apporter le moindre éclairage, soulever la moindre question pertinente ?

Après de nombreuses décennies de heurts et de batailles stériles, le moment semble venu pour l'aficion de chercher à « entendre » quelque chose du courant « écolo-animaliste » qui combat la corrida. En espérant une réciproque ? Peut-être pas, mais qu'importe !

Un patrimoine commun

En dépit de toutes les limites concevables, et que cela plaise ou non, force nous est bien de constater que notre nouvelle relation à la nature et à l'animal rejoint un courant spirituel très ancien, qui remonte bien au-delà d'un François d'Assise : avec le bouddhisme, avec les Indiens d'Amérique du Nord, avec les peuples qui considéraient la Terre comme notre terre-mère à respecter, telles la Pachamama des Andes et, probablement, les « Vénus » symboliques des habitants de nos grottes préhistoriques. Ce n'est quand même pas sans raison que les peuples dits « premiers » d'Amazonie ou d'Australie ont leur liturgie à l'animal quand ils doivent en tuer un pour se nourrir. Le thème général en est : je ne te veux pas de mal, mais j'ai besoin de manger pour vivre ; pardon et merci. Ces peuples natifs pratiquent généralement le chamanisme : leur rapport au vivant et à sa mort est assumé, sublimé, par une spiritualité. Qui donc oserait les qualifier de peuples déconnectés de la nature avec ses violences ?

Enraciné dans les cultures antiques moyen-orientales[39] au sein desquelles il s'est forgé, le monde biblique ne détonne guère dans notre nouveau contexte culturel – contrairement à un certain nombre d'idées reçues. On y trouve, certes, des violences de tous ordres, dont certaines nous feraient frémir aujourd'hui – encore que notre époque ne soit pas si avare en la matière. Mais la Bible judéo-chrétienne n'en est pas moins en consonance avec l'antique courant spirituel de communion avec la nature et les animaux. D'ailleurs, nos anti-taurins ne se privent pas de contester, Bible en main, telle ou telle personnalité religieuse *aficionada*, tout spécialement catholique, pour laquelle la Bible fait autorité.

On pourrait collectionner bon nombre de références. À titre d'exemple, en voici une, classique, tirée des prescriptions attribuées à Moïse : « *Pendant six jours, tu feras ce que tu as à faire, mais, le septième jour,*

39. Principalement la Mésopotamie (plus l'Égypte).

tu chômeras, afin que ton bœuf et ton âne se reposent[40]. » En voici une autre, peu connue, qui ne manque pas de surprendre : « *Lorsque tu trouves, en chemin, sur un arbre ou par terre, un nid avec des oisillons ou des œufs que la mère est en train de couver, tu ne retireras pas la mère de ses petits. Tu devras laisser la mère s'en aller et tu n'emporteras que les petits. Ainsi tu seras heureux et tu auras de longs jours*[41]. » Que l'Homme se serve des animaux, qu'il soit prédateur : oui. Mais pas n'importe comment, pas en pillard. On trouve là, en germe, un sens profond du respect de l'animal, à une époque où l'Homme, encore très proche de la terre, en connaissait de près toutes les violences et ne s'en émouvait guère. La conception spirituelle selon laquelle la Terre et tous les vivants qui l'habitent sont des créatures de Dieu confiées à l'Homme y a fortement contribué, comme pour François d'Assise quelques siècles plus tard.

Dans sa fameuse lettre pastorale de 1863, Mgr Plantier se situe dans cette ligne : « *Toutes ces scènes* [de courses de taureaux] *vous reportent au Colisée de la vieille Rome sous les anciens Césars, et pour les peindre, il suffirait de reproduire certaines pages où les*

40. Livre de l'Exode 23.12.
41. Livre du Deutéronome 22.6-7.

grands auteurs de la décadence ont décrit les barbares amusements de la ville éternelle.

Et pourquoi ressuscitons-nous le désordre de ces mœurs abolies ? Pourquoi d'abord ramener les taureaux à ces tortures dont le christianisme avait délivré leur race ? Avons-nous oublié les égards dont Dieu les avait honorés dans la législation mosaïque [de Moïse] *? [...] Il avait voulu qu'on en ménageât les forces ; et c'est chose touchante qu'en instituant le sabbat pour l'Homme, il l'avait également institué pour procurer un jour de repos aux animaux qui partagent pendant la semaine avec leur maître les rudes labeurs des champs.* » *(§1)*

Mais on trouve dans la Bible bien plus remarquable… et, *a priori*, d'autant plus embarrassant pour les aficionados. Lorsqu'ils expriment leur espérance d'un monde correspondant enfin au cœur de Dieu et à leur attente la plus cachée, les auteurs bibliques, les prophètes surtout, ont des images poétiques magnifiques pour exprimer la fin de toute violence, de quelque nature qu'elle soit. En langage biblique, Dieu « règne » lorsque la violence disparaît, lorsqu'en toute chose et entre tous les êtres règne l'harmonie. Ce que l'hébreu appelle *shalom* (שָׁלוֹם), si pauvrement traduit par notre mot de paix, tellement plus étriqué ; le mot de « réconciliation », plus ample, serait peut-être meilleur.

Quoi qu'il en soit, voici un petit florilège de l'espérance d'Israël, dans lequel le prophète Isaïe, poète puissant, se taille, pourrait-on dire, la part du lion.

Le jour où Dieu règnera enfin, plus besoin d'armes. Ce jour-là :

« *De leurs épées, ils forgeront des socs, et de leurs lances, des faucilles. Jamais nation contre nation ne lèvera l'épée ; ils n'apprendront plus la guerre*[42] ».

Ce jour-là, la justice règnera, l'animal sera réconcilié avec l'Homme et l'Homme avec l'animal :

« *Un rameau sortira de la souche de Jessé, père du roi David, un rejeton jaillira de ses racines. [...] Il ne jugera pas sur l'apparence ; il ne se prononcera pas sur des rumeurs. Il jugera les petits avec justice ; avec droiture, il se prononcera en faveur des humbles du pays. [...] La justice est la ceinture de ses hanches ; la fidélité est la ceinture de ses reins.*

Le loup habitera avec l'agneau, le léopard se couchera près du chevreau, le veau et le lionceau seront nourris ensemble, un petit garçon les conduira. La vache et l'ourse auront même pâture, leurs petits auront même gîte. Le lion, comme le bœuf, mangera du fourrage. Le nourrisson

42. Livre du prophète Isaïe 2.4. Voir aussi : Joël 4.9 ; Osée 2.20 ; Ézékiel 39.9 ; Psaume 46.10 ; 76.4.

s'amusera sur le nid du cobra; sur le trou de la vipère, l'enfant étendra la main.

Il n'y aura plus de mal ni de corruption; car la connaissance du Seigneur remplira le pays comme les eaux recouvrent le fond de la mer[43]. »

Ce jour-là, le monde sera vraiment renouvelé, recréé en quelque sorte :

« *Oui, voici : je vais créer un ciel nouveau et une terre nouvelle – dit le Seigneur, on ne se souviendra plus du passé, il ne reviendra plus à l'esprit. Soyez plutôt dans la joie, exultez sans fin pour ce que je crée.*

On n'entendra plus de pleurs ni de cris. Le loup et l'agneau auront même pâture, le lion, comme le bœuf, mangera du fourrage; le serpent, lui, se nourrira de poussière[44]. »

Magnifique promesse. Illusoire ? Peut-être. Mais qui ne souhaiterait qu'elle soit la musique d'un paradis réel ?

Ainsi, ce qui donne sens à la vie de l'Homme n'est pas de se conformer à la violence de la nature. Et encore moins de combattre la violence par une autre. Au contraire, tout ce qui sera mis en œuvre au sein de l'humanité, mais aussi du monde créé, pour aller vers davantage d'harmonie « fraternelle » – comme dirait

43. Livre du prophète Isaïe 11.1, 3-9. Voir aussi : Isaïe 65.25 ; Psaume 91.13.
44. Livre du prophète Isaïe 65.17-19, 25.

François d'Assise –, tout cela permet de contribuer au « règne de Dieu »[45].

Vécu ou non comme spirituel, le courant de respect de la nature connaît un regain de faveur avec notre écologie contemporaine. Voilà de quoi réjouir tous les taurins et anti-taurins du monde ! Faut-il pour autant qu'en soient consternés tous les aficionados ? La question se pose.

Consternés, les aficionados ? Interrogés, oui. Mais consternés, assurément pas ! Qui sait, déjà, si la corrida ne symboliserait pas, pour ce prédateur né qu'est l'être humain aux yeux des paléontologues et des paléoanthropologues, l'une des seules façons de respecter le vivant avec son cycle de vie et de mort – voire de résurrection, spirituelle ou biologique ? Et, via la liturgie à l'animal, l'une des seules façons de se procurer le pardon de son rapport au vivant, comme chez les « peuples premiers » ? Car la corrida est bel et bien un rite, une certaine liturgie, et non un déchaînement de violence anarchique et paroxystique contre une sorte de bouc émissaire.

45. Voir François Euvé, *Théologie de l'écologie. Une Création à partager*, Éd. Salvator, janvier 2021 – 202 p., 20 €.

Car « *qu'est-ce qui se "joue" dans une corrida ? Que met-on en scène ? Au cœur de la corrida, il y a avant tout la mort. La mort parce que le toro meurt dans l'arène, publiquement, et que sa mort en est l'acte final. La mort, aussi, parce que le matador est lui-même en danger de mort [...]. La corrida est tout entière contenue dans la rencontre avec la mort, dans l'acte final de tuer, dans le "mourir" comme risque qui donnera à la vie toute sa valeur et sa réalité. Dans la corrida, l'Homme affirme sa vie en affrontant, en défiant la mort. Mort et vie sont toujours liées. On pense que c'est en prenant conscience d'être mortel que l'Homme s'est posé la question du sens de son existence et qu'il est devenu vraiment humain : "Qu'est-ce que je fais là ? Et pourquoi ?" [...] Il s'agit de l'énigme, du mystère même de l'Homme et du cœur humain, qui a reçu la mort en recevant la vie et qui en a conscience. "Vivre de mort et mourir de vie", disait le philosophe grec Héraclite, en - 500. "Philosopher, c'est apprendre à mourir", disait Montaigne, au* XVI*e* *siècle. Pour vivre vraiment, en tant qu'être humain, il faut oser regarder la mort en face. Le paradoxe est assez fort !*[46] » Or, bien qu'il la donne facilement en spectacle par

46. Jacques Teissier, *La corrida effraction salutaire*, Au diable vauvert, 30600 Vauvert, 2018 ; 64 p. – p. 47-48.

l'image, notre monde contemporain se cache bel et bien la mort : la mort réelle.

En mettant directement en scène la mort, une mort réelle, la corrida choque. Mais par là, fait-elle autre chose que de « mettre les pendules à l'heure », comme on dit ? Ainsi se pourrait-il qu'elle ait aujourd'hui, en dépit des apparences, une fonction sociale ; et même une fonction sociale majeure si l'on en juge par le tollé qu'elle provoque. Pour autant, les aficionados n'en seraient pas dispensés d'avoir à « entendre » quelque chose des écolo-animalistes actuels, même antispécistes.

Car ils ne sont quand même pas tout à fait inconscients, ces aficionados. Indirectement, l'un des meilleurs témoins en est un délicieux petit bouquin, qui a connu un joli succès dans les milieux taurins lors de sa parution, en 2002 : *Le club des toreros morts*[47].

Le jeune novillero Joaquín est mort dans l'arène où il toréait. Arrivé au ciel, on l'aiguille vers le Club des toreros morts. Les membres du club sont,

47. José Luis Díaz, *Le club des toreros morts*, illustrateur : Julián Grau Santos – Traducteur : Manuel Rodríguez Blanco ; Nouvelles éditions Loubatières, 2002 – ISBN :2-86266-363-8. Ouvrage aujourd'hui épuisé et sa maison d'édition a disparu ; il serait à rééditer au Diable vauvert !

évidemment, les plus célèbres: Joselito, Manolete, Luis Miguel, Paquirri, Yiyo; lui, le petit jeune, il sera le barman. C'est donc là que les vedettes se retrouvent et continuent de parler agréablement de tauromachie, attablés autour de quelque café. Ils sont restés bien eux-mêmes, mais les guerres intestines du *mundillo* se sont transformées en échange amical, fraternel même. Continuent-ils à se faire concurrence et à se disputer la suprématie taurine? Bien sûr! Mais en donnant des leçons de savoir-vivre, d'amour pour leur art. Et avec quel humour! Il n'est pas jusqu'à *Islero*, le taureau qui, en 1947, a tué le grand Manolete dans les arènes de Linares, qui ne soit de la partie. Il vient s'excuser auprès du « *Monstruo* »: il ne l'a pas fait exprès, il ne voulait certainement pas le tuer, il ne lui en veut pas de l'avoir toréé. Il faisait simplement son travail de taureau. Lors de l'estocade, il n'avait pas vu l'homme derrière l'étoffe qui lui bouchait la vue. Réconciliation. Réconciliation sur toute la ligne: entre les Hommes et avec le taureau.

Poésie sans rapport avec la réalité ? Suite à la terrible rupture de sa fémorale, qui l'avait conduit aux portes de la mort, à Aguascalientes, au Mexique, voici comment l'immense torero José Tomás partage ce qu'il a vécu dans l'événement : « *À l'heure même où l'avenir de ma jambe était plus que douteux, je ne pouvais que vous remercier de tout ce que vous m'aviez donné, vous les toros. Certes, pour m'en sortir et vous sentir à nouveau près de moi, j'étais résolu à faire tout ce qui était en mon pouvoir et, pour le reste, à m'en remettre aux médecins, en particulier au moment de la blessure. Ce fut un long chemin, très long et très ardu, très incertain aussi, qui m'a fait grandir en tant que personne et en tant que torero, car il m'a fallu mettre plus de profondeur dans les formes et, comme l'a dit Hegel, "dans l'art, les formes sont le fond. [...] Cet animal, qui a voulu m'ôter la vie à Aguascalientes, est celui qui m'aide à vivre de la façon la plus pleine que je connaisse."*[48] »

Si les aficionados prenaient le combat de la corrida pour la plus haute expression d'une existence humaine et de son accomplissement, auraient-ils aimé un livre pareil ? Très spontanément, sans pour autant l'avoir raisonné, ils ne se sont nullement sentis choqués d'une représentation dans laquelle les combats et les arts de l'arène trouvent leur achèvement dans une réconciliation avec l'animal, et même entre les humains. Auraient-ils pu vibrer aux singulières paroles de José Tomás rescapé ? Les combats terrestres ne sont pas reniés, mais ils sont dépassés désormais, accomplis dans une relation amicale

48. José Tomás, *Dialogue avec Navegante*, Éd. Au diable vauvert, 2013 ; p. 19,20.

assortie de sa touche d'humour. Curieusement, quelque 2 500 ans plus tard au moins, ce petit livre, si original, retrouve à sa manière des accents dignes du prophète Isaïe et de ses héritiers spirituels : « *Le loup habitera avec l'agneau, le léopard se couchera près du chevreau, le veau et le lionceau seront nourris ensemble, un petit garçon les conduira… Le nourrisson s'amusera sur le nid du cobra ; sur le trou de la vipère, l'enfant étendra la main. Il n'y aura plus de mal ni de corruption.* »

Par son simple succès, *Le club des toreros morts* laisse entrevoir que, secrètement, les aficionados ne sont pas aussi étrangers aux contestations des anti-taurins qu'il pourrait le sembler et, peut-être, qu'eux-mêmes pourraient le croire. Depuis la plus haute Antiquité jusqu'à nos jours, l'histoire des Hommes est traversée, au moins, par un vœu de réconciliation universelle. Parfois même par une promesse. Comment ne pas prendre en considération une réalité aussi indéracinable ? La question ne concerne évidemment pas que la corrida, et de loin. Mais ici, nous nous en tiendrons à elle. Qui sait, d'ailleurs, si la *faena de muleta*, quand elle atteint le temple, l'harmonie entre la charge du taureau et le mouvement de l'étoffe qui la canalise, n'est pas cette image éphémère de la réconciliation ?

Prophète de notre « entre-deux »

Un monde enfin délivré de toute forme de violence et de la mort… Tout Homme en rêverait. Dès lors, comment justifier l'existence de courses de taureaux dans lesquelles on met en scène gratuitement, sans aucune nécessité vitale évidente, un combat à mort avec un animal sauvage ? Et, qui plus est, justifier cette forme de combat ritualisé, dans laquelle le taureau subit des blessures sanglantes, avant de mourir par arme blanche ? La question est majeure. Incontournable. Et fort peu prise en compte pour elle-même.

Nous ne le savons que trop : dans tous les aspects de notre vie, il y a notre idéal, il y a notre rêve et, face à nous, la réalité, la dure réalité qui s'ingénie à résister, mais avec laquelle il nous faut bien composer si nous voulons vivre. Pris entre le souhaitable et le mortifère, nous sommes sans cesse en train de tisser des sortes de compromis pour tenter d'avancer un peu, dans la situation telle qu'elle se présente. Où est le mieux possible ? Où est le moindre mal ? Ce n'est écrit ni dans les livres ni dans les cieux. À nous de prendre le risque de tracer notre propre chemin. Au mieux, ou au moins mal. C'est la condition humaine. Nous marchons à tâtons. Mais nous marchons. Mus par une inexplicable confiance secrète. Comme l'exprime si bien, dans l'un de ses plus célèbres poèmes, le poète espagnol Antonio Machado, réfugié à Collioure pendant la guerre civile espagnole : « *Caminante, no hay camino, se hace camino al andar.* » « *Voyageur, il n'existe pas de chemin : le chemin se fait en marchant.* » L'Homme marche, dit-il, « *en traçant des chemins sur la mer* » : « *ton chemin c'est la trace de tes pas, rien de plus... de simples sillages sur la mer...*[49] » L'image est belle.

Des « chemins sur la mer », l'Homme ne cesse pas d'en créer, bon gré mal gré, depuis qu'il est Homme. Gros problème à la naissance : qui sauver en priorité, la mère ou l'enfant ? Adolescentes : pilule contraceptive

49. Antonio Machado, *Proverbios y cantares* (Cantares XXIX).

ou pas ? Nourrir neuf milliards d'habitants : OGM ou pas ? pesticides ou pas ? élevages industriels ou pas ? Réduire les émissions de gaz carbonique : nucléaire ou pas ? Préserver la biodiversité : ours, lynx et loups, ou pas ? Idéologies mortifères, tensions internationales : armement ou pas ? guerre ou pas ? Économie financière inhumaine : stratégies de déstabilisation du système ou réformes ? Crimes abominables, terrorisme aveugle : prison à vie ou pas ? peine de mort ou pas ? On pourrait multiplier les exemples à l'infini. Il se présente à nous, jour après jour, des choix inévitables. Et nous ne sommes même pas certains de voir « un » bon chemin, à défaut d'avoir vu « le » bon chemin – qui sans doute n'existe pas. Même rétrospectivement, pas de trace toute faite à emprunter systématiquement. Juste le reflet de quelques sillages sur la mer…

Voici, à défaut de tout exemple à copier, deux choix audacieux qui donnent à réfléchir. L'un est tiré de l'histoire de France et l'autre du monde biblique ; tous deux sont en consonance avec le philosophe grec Aristote. Mais on en trouverait partout.

Pour l'histoire de France, il s'agit du roi Louis IX, saint Louis. Malgré le désaccord des autorités ecclésiastiques, il a confiné les « bordelières » – les femmes de petite vertu – au bord de la Seine, dans des maisons appelées les bordeaux (bord d'eau, qui donnera bordel). Ce faisant, il légalisait la prostitution, considérant qu'il valait mieux la contrôler que la laisser se développer de manière anarchique. De manière analogue, espérant équilibrer les forces en Europe et éviter la guerre, il a osé faire alliance avec une puissance musulmane contre un « roi très chrétien » ; la suite ne lui a pas donné tort.

Dans les deux cas, il s'agissait de gérer la situation au mieux, sans y plaquer des principes moraux tout faits, serait-ce en suivant des directives théoriques – prétendument spirituelles – venues de quelque autorité ecclésiastique. Il entendait, certes, l'autorité morale ; mais il laissait la décision ultime à son propre jugement, en tant que dirigeant responsable de la marche de son peuple tel qu'il était, dans la situation telle qu'elle était. À cette époque où il était encore de bon ton de considérer le « pouvoir spirituel » – celui de l'Église – comme supérieur au « pouvoir temporel » – celui du roi –, Louis IX s'affranchissait d'une tutelle extérieure et prenait le risque de s'aventurer au mieux sur une mer plutôt houleuse. L'historien Jacques Le Goff[50] considère que ces deux actes de gouvernement font partie des tout premiers actes de laïcité de l'histoire de France. Saint Louis a-t-il

50. Jacques Le Goff, *Saint Louis*, Gallimard, Paris, 1996.

bien fait ? Oui et non, sans doute. Le débat n'est pas clos ; et il ne peut pas l'être. Chemins sur la mer…

C'est un art de vivre, très humain. Chacun le perçoit et l'exprime à sa manière, mais il traverse les siècles et les cultures. L'un des exemples les plus construits nous est donné par Aristote (- IVe siècle) dans son *Éthique à Nicomaque*, où il prend ses distances avec l'idéalisme de Platon. Selon Aristote, les idées ne suffisent pas pour bien mener sa vie. L'Homme « prudent » – le *phronimos* en grec – est celui qui agit comme il convient dans la situation qui est la sienne. Mais il n'applique pas à cette situation une règle théorique ou une loi générale toutes faites qui définiraient d'avance le bon chemin. C'est dans l'action même qu'il trouve sa règle de comportement. Sa prudence – la *phronesis* – est un savoir d'ordre pratique et non théorique ; c'est même une manière d'*être*, une disposition, plutôt qu'un savoir. Au XIIIe siècle, Thomas d'Aquin s'en inspirera largement, et bien d'autres après lui. Aujourd'hui, Antonio Machado ne dit pas autre chose dans sa belle expression poétique, qui a l'avantage de nous toucher directement. Mais tous les parents n'en font-ils pas autant avec leurs enfants : il existe peut-être quelques grandes perspectives éducatives, mais il n'y a pas d'autre recette que l'intuition de l'amour et l'échange avec l'autre.

La Bible, quant à elle, parle des Rékabites. Ce clan, d'origine païenne, s'était intégré dans le peuple israélite depuis au moins 200 ans et partageait vraiment sa foi. Mais il gardait un mode de vie particulier. Réfugiés dans Jérusalem vers 600 avant notre ère, à un moment où les armées mésopotamiennes menacent gravement la sécurité de la région, les Rékabites s'en expliquent auprès du prophète Jérémie : « *Yonadab, fils de Rékab, notre père, nous a donné cet ordre : "Vous ne boirez pas de vin, ni vous, ni vos fils, à jamais. Vous ne bâtirez pas de maisons, vous ne ferez pas de semailles, vous ne planterez pas de vignes, vous ne posséderez rien de tout cela. Car vous habiterez sous la tente, tout au long de vos jours, afin de vivre de nombreux jours sur le sol où vous êtes comme des étrangers." Nous avons obéi à Yonadab, fils de Rékab, notre père, en tout ce qu'il nous a ordonné : ne pas boire de vin tout au long de nos jours, nous, nos femmes, nos fils et nos filles ; ne pas bâtir de maisons pour y habiter. Nous ne possédons ni vignes, ni champs, ni semailles, nous habitons sous la tente. Nous obéissons et nous faisons en tous points ce que Yonadab notre père nous a ordonné*[51]. »

51. Livre du prophète Jérémie 35.6-10.

Par sa seule existence, ce mode de vie austère et nomade ou semi-nomade constitue une contestation vivante du peuple de Jérusalem, installé depuis des siècles et que ses richesses ainsi que sa soif de puissance politique ont détourné de l'essentiel : la vie selon le Dieu d'Israël, dans la justice et la fraternité. Quand Jérémie donne en exemple au peuple de Jérusalem, infidèle aux exigences de sa propre foi, la fidélité des Rékabites, il marche vraiment « sur la mer ». Car il n'est guère aimé. N'arrêtant pas de soulever des questions dérangeantes ou d'annoncer des catastrophes à un peuple pour qui tout va pour le mieux puisque les affaires politiques et économiques marchent bien, on lui en veut à mort. On l'a surnommé « Terreur-de-tous-côtés »[52]. Par dérision. Cependant, Jérémie ne condamne pas les Judéens pour s'être installés : il ne définit pas « le » bon chemin. Il leur demande de tenir compte de la question posée par le mode de vie de l'autre, en l'occurrence les Rékabites qui, eux, sont restés fidèles à leurs engagements fondamentaux. Chemin sur la mer, alors que la terre ferme semblerait tellement plus sûre que la mer…

---

52. Livre du prophète Jérémie 20.10.

Pour rappeler un groupe ou un collectif à l'essentiel de ce qui le constitue, mais qui se trouve menacé d'affadissement, pour faire entendre de nouvelles questions à un groupe ou à un collectif tenté de se reposer sur ses lauriers, on dirait qu'il y a besoin de quelques contestataires venant mettre « les pieds dans le plat » – pour reprendre une expression imagée qui dit bien ce qu'elle veut dire. Les exemples historiques ne manquent pas. En tout domaine. Pourquoi en exclurait-on *a priori* la tauromachie ?

On peut évoquer le souvenir de Charles de Gaulle avec son appel du 18 juin 1940. Celui de François d'Assise fondant les frères franciscains pour raviver la saveur évangélique dans l'Église et allant trouver le pape, au XIIIe siècle. Celui des protestants indignés de déviations scandaleuses dans l'Église catholique et remettant la Bible à l'honneur, au XVIe siècle. Celui – pourquoi pas ! – des premiers socialistes réagissant, au XIXe siècle, contre les injustices criantes entrainées par la révolution industrielle naissante. Ou encore – pourquoi pas ! –, à la fin XXe siècle, l'Australien Peter Singer, grand théoricien de l'antispécisme, avec son livre *La libération animale*[53] : « *Je soutiens qu'il ne peut y avoir aucune raison – hormis le*

53. Peter Singer, *op. cit.*

désir égoïste de préserver les privilèges du groupe exploiteur [à savoir: l'Homme] – *de refuser d'étendre le principe fondamental d'égalité de considération des intérêts aux membres des autres espèces.* » Malgré son outrance, ce propos antispéciste, qui a levé sur la planète l'étendard de la révolte, reste là comme un cri. Un cri contre le sort indigne si souvent fait par les Hommes aux animaux. En dépit du contexte actuel, si tendu à propos de la corrida, pourquoi ne pas accepter d'entendre ce cri, ne pas essayer de le comprendre et d'en tenir compte? À notre manière, bien sûr. Aficionados, à notre tour de « marcher sur la mer ». Ou, du moins, d'oser nous y essayer.

D'emblée, il est une chose relativement claire pour l'aficionado. Si l'antispécisme peut être considéré comme un cri de révolte contre bien des aberrations de la condition animale dans nos sociétés, contre l'extinction de masse dont nos modes de vie sont la cause, pas question pour autant de lui emboiter le pas aveuglément.

Oui, l'Homme apparaît comme une branche de l'animalité. Oui, il reste animal en quelque chose. Cependant, il émerge de son berceau animal. En tout autre contexte, Blaise Pascal le disait fort bien, dans ses célèbres *Pensées*, avec les tournures du XVIIe siècle. Son fameux « *l'Homme n'est ni ange ni bête, et le malheur veut que qui veut faire l'ange fait la bête* » est fort connu. On peut y ajouter cette autre réflexion des mêmes *Pensées*, bien moins célèbre : « *Il est dangereux de trop faire voir à l'homme combien il est égal aux bêtes, sans lui montrer sa grandeur. Et il est encore dangereux de lui trop faire voir sa grandeur sans sa bassesse. Il est encore plus dangereux de lui laisser ignorer l'un et l'autre, mais il est très avantageux de lui représenter l'un et l'autre. Il ne faut pas que l'homme croie qu'il est égal aux bêtes ni aux anges, ni qu'il ignore l'un et l'autre, mais qu'il sache l'un et l'autre.* »

Par sa nature même, la corrida met en évidence une réalité à double-face. Toréer est un corps-à-corps entre l'Homme et le taureau, en même temps qu'un réel bras de fer psychologique des plus subtils entre eux deux. Comment l'Homme pourrait-il comprendre le taureau et se mesurer à lui, d'animal à animal en quelque sorte, sans avoir avec lui certains points communs ? Pourtant, c'est l'Homme qui torée le taureau. Pas l'inverse. C'est l'Homme qui se met à la portée du taureau et qui le leurre avec sa simple étoffe[54]. C'est l'Homme

54. L'expression taurine classique est qu'il s'agit de « leurrer le taureau, mais sans lui mentir », c'est-à-dire sans lui escamoter la possibilité de vous attraper.

qui a créé la corrida. Pas le taureau. C'est l'Homme qui espère, par là, marcher sur la Mort. Le taureau, lui, ne cherche qu'à débarrasser son territoire d'un intrus.

La corrida naît de la conscience qu'a l'Homme de la Mort et de sa propre mort. Cette conscience manifeste combien il n'est pas un animal tout à fait comme les autres. Il a quelque chose de différent, un « plus ». Ce « plus » qui, justement, implante en lui la question de la mort et du sens de son existence. Une interrogation que nos sciences et nos techniques ont désormais étendue à celle de la mort du Système solaire, de la mort, plus lointaine, de tout le cosmos, et du sens de leur existence vertigineuse.

Cependant, ce « plus » donne-t-il à l'Homme tous les droits sur la nature, dont les animaux - ce qui s'est longtemps pratiqué, mais que réfutent les écologistes et que contestent violemment les antispécistes ? Ou, au contraire, ce « plus » lui impose-t-il certains devoirs envers les autres êtres, et même envers les choses ? Tous habitent et constituent le même écosystème, la même « maison commune », qu'est notre planète, avec son histoire, avec son climat, ses ressources, ses équilibres, ses plantes, ses animaux, ses humains. Chaque être vivant a sa propre beauté, à respecter, en même temps que tous – et même la matière inerte – ont partie liée dans un destin commun. Ce n'est pas sans raison que l'on parle de « biosphère[55] ». À l'ère de l'*Anthropocène*, n'est-ce pas à l'Homme, seul conscient de tout ce tissu de relations, que revient la responsabilité propre de veiller sur la « maison commune » et d'en prendre soin ? Comment ne pas acquiescer à la grande question des écologistes, dont les animalistes, même radicaux… Encore qu'il soit permis de douter des « droits » des animaux, eux qui n'ont pas de « devoirs » ; ce sont plutôt les Hommes qui ont envers les animaux des devoirs. Mais ce serait une autre question.

Sans doute avions-nous tous besoin des vives réactions écolo-animalistes. Comme d'un électrochoc salutaire. Mais, inversement, pourquoi le sentimentalisme animaliste, antispéciste, qui fait de l'animal un égal de l'Homme, et de l'animal de compagnie une sorte de membre de la famille, n'aurait-il pas besoin de la corrida pour prendre en compte la distance irréductible qui existe entre une personne humaine et un animal, fût-il aussi intelligent qu'un grand singe,

55. La biosphère est l'ensemble des organismes vivants et leurs milieux de vie, donc la totalité des écosystèmes présents dans la lithosphère, l'hydrosphère et l'atmosphère.

un éléphant, un rat, un poulpe ou un corbeau, aussi organisé qu'une ruche ou une meute de loups, aussi rusé qu'un renard ? Ni le fait d'avoir une belle relation avec un chien, un chat, un perroquet ou un cheval et de leur être très attaché, ni le fait d'être émerveillé par les capacités et les prouesses du monde animal ne suppriment cette distance entre eux et nous. En raison de quoi la corrida gênerait ? Tant mieux ! À l'ère de l'anthropocène, l'Homme se trouve, bon gré mal gré, dans la position du prédateur placé au sommet de la chaîne alimentaire. Il lui revient d'en prendre conscience, d'assumer sa prédation et de la rendre écologique : à sa manière, certes, que fait la corrida sinon l'exposer, le mettre en scène, en liturgie[56] ? *La corrida, effraction salutaire*[57]...

Reste encore entier le noyau dur du problème que pose aujourd'hui la corrida. Le taureau n'a certes rien d'un paisible et craintif herbivore ; il est extraordinairement agressif quand il se sent menacé. Mais celui que l'on amène dans une arène combat, saigne et meurt en piste. La blessure du torero est fréquente, sa mort est

56. Comme Simon Casas le montre magnifiquement dans son ouvrage *Taches d'encre et de sang*, Éd. Au diable vauvert, 2003.
57. Jacques Teissier, *op.cit.*

possible – à moi seul, n'ai-je pas vu toréer neuf matadors, morts plus tard d'un coup de corne[58] ? Mais ce sont des accidents, dus à un comportement imprévu du taureau ou à une erreur de l'Homme. Il n'est pas nul, le respect que doit porter au taureau tout torero digne de ce nom, en se mettant loyalement à la portée des cornes dans chacun de ses gestes et en proscrivant les traitrises, les « mensonges »; mais comment cela suffirait-il à justifier tout ce qui se passe? Répétons-le: le combat du taureau dans une arène va jusqu'au sang et à la mort, alors qu'il ne relève pas d'une claire nécessité vitale, sinon celle de protéger l'existence de ce taureau sans égal. La corrida nous rappelle, certes, avec force notre condition de mortels ainsi que la condition mortelle de tout ce qui vient à l'existence; mais cela peut-il suffire à la tauromachie, ou du moins à lui donner du sens? Les très nombreuses sociétés humaines qui ne connaissent pas la corrida n'en meurent pas, ni ne paraissent vivre moins bien que la nôtre. À l'ère de la sensibilité écolo-animaliste de notre société, le combat du taureau est-il

58. José Mata (1971), José Falcão « José Falcón » (1974), Francisco Rivera « Paquirri » (1984), José Cubero « Yiyo » (1985), José Humberto « Pepe Cáceres » (1987), Manuel Bonichón « Manolo Montoliú » (1992), Rodolfo Rodríguez « El Pana » (2016), Víctor Barrio (2016) et Iván Fandiño (2017). Sans parler de Christian Montcouquiol « Nimeño » et de Julio Robles, morts plus tard des séquelles psychologiques ou physiques de leur blessure.

devenu pure monstruosité ou peut-il encore garder une signification légitime ?

S'il existe une réponse positive à pareille interrogation, elle ne peut pas s'appuyer uniquement sur les « lois » de la nature, comme si l'Homme devait se soumettre sans question à leurs violences et renoncer à son vœu d'harmonie. Une réponse vraiment humaine ne peut relever que de ce « plus » qui habite l'Homme et le fait émerger de la seule animalité, ce « plus » qui le rend conscient de la mort et l'appelle à donner un sens à son existence, en même temps qu'à l'existence de sa planète et de l'ensemble du cosmos. C'est bien là que réside la difficulté. Mais que cette question fondamentale ne soit guère explorée à ce jour n'empêche certainement pas de tenter son approche.

Prenons les choses d'un peu loin. Ce qui se passe dans une arène nous plonge d'emblée dans la dure réalité de ce qu'est la nature, une nature que nous avons tendance à idéaliser quand nous la regardons à distance. Mais vue d'un peu plus près ? Un simple exemple : extraordinaires, certes, ce loup de Gubbio ou ces lions pacifiés. Mais il faut bien qu'ils se nourrissent, et qu'ils se nourrissent de viande. L'herbe de la promesse biblique n'est ici-bas qu'une image. La viande est, pour un fauve, une nécessité basique, aussi vitale qu'inévitable. Il lui faut bien tuer des animaux pour se nourrir, que ce soit par lui-même ou par des humains.

En s'inscrivant délibérément dans le cycle de la vie où chaque vivant vit de la mort d'un autre – serait-ce celle de l'herbe… –, la corrida nous rappelle la dureté d'une nature où la mort, souvent une mort violente, fait partie intégrante de la vie. Pas seulement comme terme de chaque vie, mais aussi comme condition de la vie du vivant, et même comme condition de l'existence de toute réalité cosmique : avec notre planète et tout ce qu'elle porte, ne sommes-nous pas de la poussière d'étoiles ? Ce n'est pas négligeable à l'heure où l'on tend à voiler la mort, à l'heure où tant de biologistes nous font miroiter l'espoir de pouvoir un jour congédier notre propre mort, comme si notre planète et notre Système solaire étaient immortels ! Et sans même se demander si ce serait souhaitable. Le superbe film d'animation *Dark Crystal* (1982) montrait la révolte de lutins débordant d'entrain contre des dirigeants vieillards à peu près immortels, mais fossilisés par leur grand âge et devenus apathiques…

Serait-il possible que la corrida, créée par l'Homme, corresponde à un autre type de nécessité vitale, proprement humaine ? Non pas sur le plan de la nourriture de l'organisme, évidemment ; mais sur le plan culturel, c'est-à-dire psychologique, symbolique, spirituel. L'Homme ne vit pas seulement de pain, il vit aussi de sens. Parce qu'il va mourir. Comment devenir vraiment humain sans oser voir la mort en face[59] ?

Mais n'allons pas trop vite en besogne. Pour se procurer les protéines dont il avait besoin, l'Homme a d'abord été un charognard opportuniste. Dès - 1,8 million d'années en Afrique et dès - 400 000 ans au moins en Europe, il est devenu peu à peu chasseur, ses proies grandissant en taille au fur et à mesure qu'il perfectionnait ses armes et probablement ses stratégies. L'attirance actuelle de beaucoup pour la chasse plonge certainement ses racines dans cette longue histoire. L'Homme est un prédateur dans l'âme. Il n'est certes plus guère obligé de chasser pour vivre. Actuellement, son sens écologique tend plutôt à l'éloigner de cette pratique et le pousse à préserver la vie sauvage. Bien que les sociétés de chasse veillent avec grand soin au maintien de la faune, il y a moins de chasseurs aujourd'hui que voici cinquante ou cent ans ; compte

59. Voir : Jacques Teissier, *op. cit.*, p. 47-49.

tenu de la destruction des habitats et de l'extinction de masse en cours, ce n'est certainement pas un mal.

Mais prenons quelques exemples. Le croisement, accidentel ou non, des sangliers avec le cochon domestique a multiplié leur fécondité dans d'incroyables proportions ; leur prolifération les rend dévastateurs des cultures et des jardins. N'ayant plus d'autre prédateur que l'Homme, la chasse s'impose. Dans les forêts des Cévennes, les cervidés n'ont plus de prédateurs naturels en raison de la disparition du loup, liée à l'activité humaine ; avec le recul des espaces naturels, ils deviennent trop nombreux ; mangeant les jeunes arbres feuillus, ils dégradent la forêt protectrice des sols et régulatrice du climat, si péniblement recréée dans la deuxième moitié du XIXe siècle pour remédier aux inondations et aux éboulements provoqués par les bien nommés « épisodes cévenols ». Leur chasse est devenue si indispensable qu'il faudrait sans doute augmenter le nombre de « bracelets » octroyés aux chasseurs. Et ne parlons pas des dératisations salutaires, bien que le rat soit un animal des plus intelligents.

Excès inverse. Le renard roux abonde en France métropolitaine. Auparavant classé comme « nuisible », il est considéré depuis 2016 comme « susceptible d'occasionner des dégâts ». Terminologie technocratique dont les détours ne portent guère la marque du courage politique ! De vastes plans de réduction de ses populations sont en cours. On estime de 500 000 à 600 000 le nombre de renards « prélevés » en métropole en 2014. Peut-être avons-nous avoisiné le million en 2020. Or, le renard contribue énormément à la réduction des populations de campagnols, qui occasionnent tant de dégâts dans les cultures ; et il ne transmet quasiment pas de maladies, hormis la rage. Il semble que ce soit plutôt la crainte des chasseurs de voir exterminer leur petit gibier, à poil et surtout à plume, qui soit la vraie raison d'un tel massacre. Pourtant, les très grands et inutiles massacres de goupils à l'époque de la rage[60], fin XXe siècle, ne semblent guère avoir eu d'incidence sur l'augmentation de ces petits gibiers.

Une saine régulation des populations sauvages est affaire subtile. Nos étendues sauvages sont devenues trop restreintes et notre population humaine trop nombreuse pour qu'il suffise de laisser faire la nature. L'appréciation de la situation se discute. Il faut jongler avec des intérêts contradictoires. Bien que certains aient à y perdre, il devient indispensable de créer des

60. Ce sont les vaccins oraux disposés dans des appâts et non la tentative d'extermination qui ont finalement résolu le problème de la rage, éradiquée en France depuis 1998.

« couloirs verts » de circulation, afin que les espèces terrestres ne soient pas confinées dans des espaces si restreints qu'elles seraient condamnées à une consanguinité fatale, en plus d'occasionner certains dégâts. Une chasse peut devenir nécessaire comme celle du sanglier devenu trop prolifique, aussi bien qu'excessive et ravageuse comme celle des perdrix. De même, laisser proliférer ou réintroduire de grands prédateurs comme l'ours, le loup, voire le lynx, pose des problèmes à notre pastoralisme – et peut-être un jour à notre sécurité. Il devient nécessaire de modifier notre pastoralisme, ainsi que de réguler certaines populations prédatrices. C'est très délicat. Mais qui donc le fera, si ce n'est pas nous ? Cela n'ira pas sans une chasse regulée. Où se trouve le bon équilibre ? Difficile de l'établir *a priori.* Cela ne pourra se faire que progressivement, dans l'échange et la confrontation, parfois « musclés », peut-être, comme on dit pudiquement.

Il est devenu impératif pour l'Homme d'entretenir l'équilibre écologique « naturel » de bien des espèces animales, voire végétales. Devoir donner la mort pour cette raison est tout à fait écologique. Paradoxalement, c'est respecter le vivant. Impossible de faire autrement. Il serait illusoire et probablement catastrophique pour la nature elle-même de proscrire toute forme de chasse, toute forme de mort animale volontaire. Être radicalement anti-chasse? Une aberration idéologique. De ce point de vue, par sa seule existence, si choquante pour beaucoup de gens, la corrida rappelle que la mort, mais aussi le fait de tuer font partie intégrante de la nature, et que nous ne pouvons pas nous en abstraire. Que nous le voulions ou non. D'ailleurs, imaginons un instant notre monde sans corrida: déjà que l'on cache la mort des humains, il ne resterait plus un seul lieu où l'on puisse assumer la mort de l'animal. Autrefois, on aurait qualifié ce type de comportement de mensonge par omission. Voilà déjà qui donne du sens à la corrida dans le contexte culturel qui est devenu le nôtre. Mais est-ce suffisant?

Reste l'objection fondamentale. Si tuer pour maintenir ou recréer un équilibre écologique – voire pour se nourrir – peut paraître nécessaire, choisir de tuer sans nécessité vitale évidente est toute autre chose. Nous touchons là au noyau dur de la contestation des anti-corridas, avec la dimension spirituelle qu'elle peut avoir et que, parfois, elle ne craint pas d'avancer.

Ayons l'honnêteté de le reconnaître: ce noyau dur résiste aux justifications. Il semble quasi impossible à briser. Alors? Renoncer à la corrida? Eh bien! C'est justement ce que je ne crois pas.

Merci d'abord aux anti-taurins pour leur irréductible opposition aux violences « inutiles » de la corrida, même si l'on pourrait la souhaiter moins… violente. Ils sont porteurs d'un rêve secret blotti au creux de tout cœur humain : celui d'un monde enfin débarrassé de toute forme de violence et de mort. Un rêve qui fait couler les larmes des victimes des forces de la nature et, plus encore, celles des victimes de leurs frères humains. Un rêve qui illumine les yeux des enfants. Un rêve dont les poètes et les artistes entretiennent la flamme. Une utopie, ou une promesse, dont sont porteurs tant de grands courants spirituels de l'humanité. « *La justice est la ceinture de ses hanches […]. Le loup habitera avec l'agneau, le léopard se couchera près du chevreau, le veau et le lionceau seront nourris ensemble, un petit garçon les conduira. […] Le nourrisson s'amusera sur le nid du cobra ; sur le trou de la vipère, l'enfant étendra la main. Il n'y aura plus de mal ni de corruption*[61]. »

À moins que tout ne retombe dans l'absurde, la fin finale de l'Homme et de son histoire pourrait-elle aboutir à autre chose qu'une réalisation de son rêve secret, quelle qu'en soit la forme ? Sinon, nous serions sous le règne de l'absurde et plus grand-chose n'aurait

61. Livre du prophète Isaïe 11.5-6,8-9.

de valeur ni de sens ; qu'importerait alors ce qui se passe dans l'aujourd'hui ? Or, nous nous battons pour ce qui nous tient à cœur, l'écologie ; même si nous n'avons pas de réponse à la question ultime du sens, notre lutte comporte au moins un vœu de sens. Dans ces conditions, est-ce que la corrida, qui met en scène la mort, une mort réelle, viendrait, par nature, radicalement contredire nos luttes écologiques et les disqualifier ?

Voilà une question qui, même pour des aficionados, peut donner un certain sens aux contestations anti-taurines, dans la mesure où elles constituent une sorte de rappel « prophétique » du rêve qui nous habite, de l'utopie de réconciliation universelle qui pourrait être notre étoile. Un rappel sans doute nécessaire, pour que la résignation à la violence – ou, pire, le danger d'y prendre goût – ne prenne pas le dessus ; et que jamais, au grand jamais, on ne la justifie en tant que telle. Serait-ce une violence aussi soigneusement ritualisée et règlementée que celle de la corrida.

Est-ce, alors, signer l'arrêt de mort de la corrida ? Ce serait oublier que, dans le déroulement de notre aujourd'hui, nous naviguons dans un « entre-deux » : entre rêve et réalité, entre situations incontournables et promesse ou vœu d'une réconciliation universelle, sans pouvoir faire autre chose que de prendre le risque de tracer « des chemins sur la mer ». Jacques-Yves Cousteau – le fameux « Commandant Cousteau », grand écologiste avant l'heure – a eu cette formule qui, probablement sans le vouloir, montre combien il serait illusoire, en ces temps qui sont les nôtres, de prétendre nous affranchir de cet entre-deux : « *C'est seulement quand l'Homme aura vaincu la mort, quand l'imprévisible n'existera plus, que la corrida mourra et partira se perdre dans le royaume de l'utopie. Et le dieu mythologique incarné par le taureau de combat répandra vainement son sang dans l'égout d'un abattoir*[62]. »

Cet entre-deux nous laisse à notre condition de mortels. Cet entre-deux nous immerge dans les violences de la nature et de l'Homme, même si nous n'y sommes quand même pas totalement submergés. Nous combattons. Au mieux ou au moins mal. Mais nous sommes bien obligés, parfois, de mettre l'animal à mort, serait-ce à notre corps défendant. Nous nous efforçons de réguler celles que nous estimons légitimes compte tenu de la situation et de contenir celles qui nous paraissent inévitables. L'antique maxime « œil

62. Cité dans : Joselito, *La Corrida expliquée à ma fille*, éd. Au Diable vauvert, juin 2017, 304 p.

pour œil, dent pour dent » est le contraire d'une justification de la violence entre les humains. Fruit de l'expérience, elle ne vise qu'à limiter l'escalade calamiteuse de la vengeance et de ses violences : « Non ! Non ! Si je t'ai cassé une dent, ne te fais pas justice en m'en cassant deux ; une seule y suffira. »

Un même esprit de régulation préside évidemment à la création des armées défensives, mais aussi à la création des lois, des tribunaux et des prisons, à la création des traités de paix, des traités commerciaux, et même des règlementations écologiques. Si toute forme de violence avait disparu, rien de tout cela ne garderait la moindre utilité. Nos régulations restent-elles imparfaites ? Toutes, même les meilleures, peuvent-elles être perverties ? Oui, malheureusement. Il n'en reste pas moins qu'elles ont le mérite d'exister et d'indiquer une voie.

Voilà qui – c'est assez paradoxal ! – peut donner sens à la part de violence et de mort qui habite la corrida, qu'elle nous choque ou nous séduise. Elle nous évite de planer dans le rêve, au-dessus des réalités, comme si nous n'étions pas immergés dans la violence et dans la mort. Comme si nous n'avions pas à lutter et à composer en permanence pour les réguler au mieux, en osant tracer, à nos risques et périls, d'approximatifs chemins sur la mer, en direction de notre rêve ou à la clarté de notre étoile. Ce n'est peut-être pas un hasard si la corrida actuelle privilégie de plus en plus l'harmonie et l'art[63], même si cette tendance, elle aussi, peut être pervertie. Ce n'est peut-être pas un hasard si les publics actuels, saisis, applaudissent un taureau qui ne lâche rien et lutte contre sa mort en vacillant jusqu'à son dernier souffle. N'y aurait-il pas là, mis en spectacle de façon plus ressentie que réfléchie, un désir de dépasser la violence et la mort ? Bien qu'en désaccord avec la plupart des écolo-animalistes, bien que se refusant à gommer la réalité de la violence et de la mort, les publics aficionados sont bien de leur temps.

Mais à l'heure où notre société se cache la mort et envisage même de l'anéantir, à l'heure où le sentimentalisme dispense tant de gens de se coltiner avec la dure réalité, qu'il s'agisse d'un sentimentalisme animalier, religieux ou esthétique, voici que la corrida apparaît, à son tour, comme un rappel « prophétique »... mais dans l'autre sens par rapport à celui des écolo-animalistes. Prophète non plus de notre rêve de réconciliation universelle, mais prophète de nos temps actuels, en tension entre rêve et réalités. Prophète d'un

63. Voir Jacques Teissier *op. cit.*p. 57-61.

possible vraiment humain dans notre entre-deux, quoique toujours aléatoire, précaire et jamais pleinement satisfaisant. Prophète d'un entre-deux qui reste un combat pour la vie, un combat indéterminé, jamais victorieux d'avance. À ce titre, la démarche picturale du Nîmois Claude Viallat, dans ses taureaux aussi bien que dans ses célèbres « éponges », apparaît d'une étonnante actualité[64].

Exprimant, à sa manière, cette tension constitutive entre notre désir profond et notre difficile réalité, le philosophe Emmanuel Kant (XVIIIe siècle) parlait de « l'insociable sociabilité » de l'Homme. La corrida n'est-elle pas une expression de cette dialectique, de cet entre-deux, ou plutôt son éloquente mise en scène ?

Prophète de notre « entre deux ». Prophète de la dialectique du vivant. La perspective mérite qu'on s'y arrête.

Nous ne sommes pas des anges « au ciel ». Nous ne sommes pas non plus des démons « en enfer ». Oui, la nature n'est pas idyllique. Elle reste hostile : ouragans, épidémies, radiations, séismes, tsunamis, guerres…

64. Voir : Claude Viallat, *Taureaux*, Ceysson-Éditions d'Art, Paris 2021 – Relié 384 p., 120 €.

struggle for life. Oui, l'Homme n'est pas angélique : exploitations, injustices, élevages industriels, pillage des ressources, guerres et attentats, pollutions, consommation vide de sens, finance souveraine, effondrement de la biodiversité... Mais quoi qu'il en soit, la nature est notre « maison commune » et les humains restent nos frères et nos sœurs, émergeant comme nous du règne animal depuis quelques millions d'années. C'est là, et pas ailleurs, que nous avons à vivre. Nous nous autorisons parfois quelque violence, estimée nécessaire ou inévitable ? Cela ne pourra jamais être par goût de la violence elle-même, mais seulement en tant que pis-aller, ou en tant que compromis pour gérer au moins mal une situation complexe. Non pas résignation, non pas compromission ; mais marche tâtonnante vers un sommet, non pas en rêve, mais en traçant nos chemins, des chemins réels, à l'intérieur de notre monde tel qu'il est. Comment des aficionados pourraient-ils oublier *Le club des toreros disparus*, où miroite la promesse d'une réconciliation possible entre les Hommes et avec l'animal ? Leur sensibilité nouvelle à l'art du torero et à la lutte du taureau contre la mort la dévoile déjà...

En bon oriental, un certain Jésus aimait raconter de petites histoires, toutes simples et savoureuses, qui donnaient à penser : les paraboles. Parmi celles-ci, il s'en trouve une, typique de cet « entre deux » qu'est notre lieu de vie actuel : « *Jésus proposa aux foules cette parabole : Le règne de Dieu est comparable à un homme qui a semé du bon grain dans son champ. Or, pendant que les gens dormaient, son ennemi survint ; il sema de l'ivraie*[65] *au milieu du blé et s'en alla. Quand la tige poussa et produisit l'épi, alors l'ivraie apparut aussi. Les serviteurs du maître vinrent lui dire : "Seigneur, n'est-ce pas du bon grain que tu as semé dans ton champ ? D'où vient donc qu'il y a de l'ivraie ?" Il leur dit : "C'est un ennemi qui a fait cela." Les serviteurs lui disent : "Veux-tu donc que nous allions l'enlever ?" Il répond : "Non, en enlevant l'ivraie, vous risquez d'arracher le blé en même temps. Laissez-les pousser ensemble jusqu'à la moisson ; et, au temps de la moisson, je dirai aux moissonneurs : Enlevez d'abord l'ivraie, liez-la en bottes pour la brûler ; quant au blé, ramassez-le pour le rentrer dans mon grenier."*[66] »

« En enlevant l'ivraie, vous risquez d'arracher le blé en même temps »… Cette petite histoire, qui n'a l'air de rien, conteste clairement le penchant

---

65. Plante de la famille des Graminées particulièrement nuisible aux céréales et considérée comme provoquant une espèce « d'ivresse » (« ivraie » a donné « ivresse »).

66. Évangile selon Matthieu 13 : 24-30.

jusqu'au-boutiste, bien intentionné, mais revendiquant que tout soit pur à cent pour cent, ici et maintenant. Passée aussi bien que présente, l'expérience montre combien il convient de se méfier de ces puristes radicaux qui, par idéalisme, veulent faire table rase du passé pour instaurer un monde et un Homme nouveaux, enfin irréprochables. La période de la Terreur, pendant la Révolution française, en est un exemple typique. Afin d'installer durablement la République et d'empêcher un retour de la monarchie, la Terreur met en place la « loi des suspects » pour éliminer les ennemis de la Révolution, avoués ou soupçonnés. Nazisme, révolution culturelle chinoise, révolution des Khmers rouges au Cambodge, terrorisme djihadiste… on sait aujourd'hui les ruisseaux de sang que ces genres de tables rases ont encore causés dans notre histoire récente, serait-ce pour plus de justice à leurs yeux, ou même pour plaire à Dieu. Nos anciens l'avaient déjà perçu, avec le mythe du Déluge : censé extirper tout mal de la terre des Hommes en liquidant les mauvais, il débouche sur un cuisant échec[67]. Liquider les mauvais n'avait pas empêché le mal de prospérer à nouveau. La frontière entre le

67. Voir livre de la Genèse 6.1-7, 25.

bien et le mal ne passait pas entre les Hommes, les bons d'un côté et les mauvais de l'autre, comme on se l'imaginait. Elle traversait le cœur de tout Homme. Y compris les meilleurs.

Mais si la parabole de l'ivraie et du bon grain conteste le mode d'action des serviteurs, elle ne conteste en rien leur désir d'agir. Indirectement, elle conteste aussi les passifs qui, par résignation, par paresse ou par aveuglement, trouveraient que tout ne va pas si mal et qu'il vaut mieux laisser courir puisque les choses sont ainsi[68]. Osons cet exemple, bien qu'il soit dur. À l'occasion du procès d'Eichmann à Jérusalem, en 1961, Hannah Arendt a mis en lumière l'effrayante « banalité du mal »[69] : ce fonctionnaire qui faisait fonctionner la déportation et l'extermination nazies se présentait comme non coupable puisqu'il ne faisait qu'exécuter des ordres venant d'en-haut. Non ! Il n'est pas normal que le champ du monde soit envahi de maux qui lui font perdre la tête. Suivre le mouvement en ne mesurant pas les conséquences de ses actes, obéir à l'horreur

68. S'il était besoin d'une confirmation, on pourrait se reporter à la parabole du riche qui, toute sa vie, est passé à côté de Lazare, un pauvre, sans le « voir » (évangile selon Luc 16 ;19-31).

69. Hannah Arendt, *Eichmann à Jérusalem. Rapport sur la banalité du mal*, Gallimard, Paris 2002.

sans faire preuve de la moindre empathie, du moindre discernement, c'était se rendre complice.

Même si l'obstacle est immense, même si la perfection est impossible, il faut lutter, d'une façon ou d'une autre. Mais surtout pas en puriste. C'est une sagesse. Une sagesse humaine vitale. Peut-être même une sagesse de nature spirituelle. Et nous seuls pouvons, tant bien que mal, en créer à tâtons les chemins concrets. Des « chemins sur la mer » …

Si la corrida est vitale pour le taureau et les écosystèmes ruraux de ses terres d'élevage, elle n'est pas un symbole absolument indispensable de cette sagesse humaine vitale. Mais elle en représente à coup sûr un symbole fort. Ce qui, à mes yeux, lui donne du sens et lui confère une réelle légitimité en ces temps qui sont les nôtres. Bien qu'on puisse, en toute honnêteté, ne pas l'apprécier ou même la combattre.

Écouter les contestations actuelles de la corrida nous a obligés à la réfléchir plus profondément : ce n'est pas rien. Mais suffirait-il d'en rester à la satisfaction de lui reconnaître, sinon une justification, au moins un sens, une légitimité, dans notre contexte culturel écolo-animaliste, sans bouger nous-mêmes d'un poil, comme on dit ? Comment ne tenir aucun compte de l'aversion généralisée de nos sociétés envers la tauromachie et de la virulence inédite des anti-taurins de notre temps ? Plutôt que de camper sur place et de se durcir, ne faudrait-il pas que le monde taurin accepte de se laisser questionner par ses opposants et puisse en recevoir quelque chose de concret, au-delà de cette sensibilité nouvelle à l'art du torero et à la lutte du taureau contre la mort ?

Le combat et la mort du taureau sont l'essence même de la corrida. Mais le sang, ce sang qui révulse tant de personnes ? Un vétérinaire et aficionado, spécialisé dans les bovins – dont le taureau de combat –, vient de rassembler son expérience professionnelle dans un petit bouquin[70] fort suggestif. Il propose de réduire encore la taille du fer de la pique : pour lui, il blesse trop et fait trop saigner un animal devenu extrêmement brave et ardent sous la pique, grâce à des lustres de sélection. À ses yeux, c'est inutile et même nuisible. Réduire le fer permettrait au taureau de revenir à la charge du picador plusieurs fois et de mieux mettre en valeur son agressivité, tout en lui faisant perdre bien moins de sang et en lui laissant davantage de souffle

70. Hubert Compan, *Vétérinaire et aficionado, aficionado et vétérinaire*, Imprimerie Mondial Livre. Commandes possibles par : hubertcompan@wanadoo.fr.

pour la suite. Il n'en serait que mieux respecté. Quant au spectacle, il y gagnerait en qualité. Et le spectateur actuel y serait plus à l'aise ; comme il le fut, à la charnière des XIXe et XXe siècles, avec le polissage de la combattivité du taureau, puis dans les années 1920 avec la protection des chevaux. Il est probable que les anti-taurins seraient alors nombreux à se dire : « Nous avançons, continuons le combat. » Mais qu'importe ! La corrida, qui a toujours marché avec son temps, pourrait y gagner sans se dénaturer.

Reste un type de questions qui mérite maintenant de ne pas être éludé. Être écologiste est une prise de position qui ne peut pas aller sans action. Cette action implique une double cohérence. Une cohérence avec la vie que l'on mène soi-même : achats, déplacements, voyages… ; en général, elle ne semble pas trop oubliée, même s'il peut y avoir des failles. Mais aussi une cohérence avec ce que les structures et les rouages de nos sociétés font de la planète en général et de l'humain en particulier puisque l'Homme est partie intégrante de la « maison commune ». L'écologie ne peut être authentique qu'en questionnant, en contestant même, des conceptions, des pratiques, des attitudes que notre société considère comme normales, alors qu'elles dégradent et la nature et l'humain[71]. Voilà une perspective qui concerne aussi bien les aficionados que leurs opposants. Chez les uns comme chez les autres, c'est le cœur humain, source de nos actions, qui se trouve touché, interpelé, appelé.

Mais pas de purisme ! Nous ne sommes pas au paradis et nous ne sommes pas des saints. Être écolo-animaliste anti-taurin garde sa valeur de symbole : comme signe de notre désir d'une maison commune idéale. L'aficion, quant à elle, garde aussi sa valeur de symbole : comme signe d'une humanité qui reste immergée dans un monde qui connaît la violence et la mort, avec la tâche infiniment délicate de dominer et de réduire l'une, ainsi que d'apprivoiser l'autre. Pas moins, mais pas plus ; car ces deux symboles peuvent l'un et l'autre être trompeurs en diable !

Écologistes anti-taurins ou aficionados, comment nous sentons-nous concernés par toutes les violences socio-économiques qui dévastent tant d'Hommes, et jusqu'à la planète elle-même ? Comment nous sentons-nous concernés par ces puissances financières qui instrumentalisent sans vergogne la

71. Voir Gaël Giraud, *Illusion financière*, Éd. de l'Atelier, Paris 2013 ; 3e édition, revue et augmentée, mars 2014 ; format poche, mars 2014.

sensibilité écologique, afin de conditionner l'opinion et de promouvoir l'alimentation artificielle dont elles espèrent demain de gigantesques ponts d'or[72] ? Il ne manque probablement pas d'anti-taurins qui mangent de la viande ; mais même s'ils n'en mangent pas, qu'ils ne se trompent pas de cible. Qu'ils aillent donc combattre la filière et la vraie maltraitance qui règne dans tant d'élevages industriels, depuis le hangar pour élevage intensif en batterie ou dans des cages jusqu'à l'abattoir où l'on trouve parfois des négligences inacceptables. Qu'ils défendent le modèle paysan français qui entretient à la fois un territoire et la qualité d'une relation respectueuse et aimante à l'animal que l'on élève. Consternante naïveté si la corrida devient une sorte de chiffon rouge que l'on agite à leurs yeux pour mieux leur camoufler un système sous-jacent… D'autre part, il ne manque certes pas d'aficionados pour revendiquer la valeur écologique des élevages de taureaux. Parfait. Mais, que ce soit dans leur vie personnelle ou dans leurs implications sociales, qu'en est-il de leur cohérence avec cette revendication ? Si nous voulons bien être honnêtes, la contestation de

72. Voir : Jocelyne Porcher, *Cause animale, cause du capital*, Éd. Le bord de l'eau, 33310 Lormont, septembre 2019 ; 120 p. 12 €.

nos opposants nous impose de faire la vérité sur nos propres implications dans l'écologie… si ce n'est déjà fait.

Tant pour les anti-taurins que pour les aficionados, signes et symboles n'ont de sens que si les uns comme les autres tentent d'y conformer leur existence, collective autant que personnelle.

Il me semble en outre que l'aficionado se doit d'accepter ce qu'on pourrait appeler l'inconfort de son afición. N'est-ce pas en osant reconnaître à la corrida son caractère d'éternel scandale, et en le lui gardant, que l'afición peut la justifier ? Malgré la qualité de son esthétique et de ses valeurs dans le combat, la corrida garde envers et contre tout quelque chose de scandaleux. Depuis ses origines. En même temps, elle peut se reconnaître, aujourd'hui encore, un sens et une valeur ; précisément grâce à sa mise en scène de la violence et de la mort au sein de notre monde actuel tel qu'il est. Paradoxe. Paradoxe qui n'est peut-être pas le moindre des mérites et la moindre des beautés de la corrida…

Ni les aficionados ni les anti-taurins ne détiennent à eux seuls la vérité. Ils courraient à leur caricature, s'ils le prétendaient. Il serait éminemment souhaitable d'éviter les postures totalitaires. Ne sommes-nous pas condamnés, en quelque sorte, à vivre ensemble, en tension les uns avec les autres ? Certes, un dialogue entre aficionados et anti-taurins ne peut guère avoir pour but essentiel de se mettre d'accord. Ni même, peut-être, de trouver entre nous un *modus vivendi.* Ne serait-il pas plutôt d'écarter nos violences mutuelles en cherchant chacun à découvrir et à comprendre le meilleur de ce qui habite l'autre, et en osant en tenir compte ?

Mais rêvons ! Peut-être, un jour, le *Club des toreros disparus* s'ouvrira-t-il aux antispécistes et autres animalistes de tout poil pour boire ensemble un café, en partageant amicalement ce qu'ils ont vécu ici-bas, et recueillir enfin le bon grain issu de leur difficile cohabitation. Non sans quelque sourire. Qui sait ?

Annexe

De salute gregis

Bulle du pape Pie V,
promulguée le 1er novembre 1567

Soucieux du salut des brebis du Seigneur confiées à notre garde par un dessein de la Providence, et poussé par les obligations de notre charge pastorale, nous déployons de constants efforts pour préserver tous les fidèles de ce troupeau des maux imminents qui menacent les corps aussi bien que les âmes.

1. Assurément, la coutume détestable du duel introduite par le démon, en vue d'entraîner en même temps

que la mort sanglante des corps la perte des âmes, a été condamnée en vertu d'un décret du Concile de Trente; cependant, en de nombreuses villes et autres lieux, on ne cesse d'organiser des spectacles privés ou publics consistant en des courses de taureaux ou d'autres animaux sauvages, destinées à faire exhibition de force et d'audace, courses qui occasionnent fréquemment des accidents mortels ou des mutilations, et sont un danger pour les âmes.

2. Pour nous donc, considérant que ces spectacles où taureaux et bêtes sauvages sont poursuivis dans l'arène ou sur la place publique sont contraires à la piété et à la charité chrétiennes, et désireux d'abolir ces sanglants et honteux spectacles dignes des démons et non des Hommes et d'assurer avec l'aide divine, dans la mesure du possible, le salut des âmes: à tous et à chacun des princes chrétiens, revêtus de n'importe quelle dignité aussi bien ecclésiastique que profane, même impériale ou royale, quels que soient leurs titres ou quelles que soient la communauté ou république auxquelles ils appartiennent, nous défendons et interdisons, en vertu de la présente constitution à jamais valable, sous peine d'excommunication ou d'anathème encourus *ipso facto*, de permettre qu'aient lieu dans leurs provinces, cités, terres, châteaux forts et localités, des spectacles de ce genre où l'on donne la chasse à des taureaux et à d'autres bêtes sauvages. Nous

interdisons également aux soldats et aux autres personnes de se mesurer, à pied ou à cheval, dans ce genre de spectacle, avec les taureaux et les bêtes sauvages.

3. Et si quelqu'un vient à y trouver la mort, que la sépulture ecclésiastique lui soit refusée.

4. Nous interdisons également sous peine d'excommunication aux clercs, aussi bien réguliers que séculiers, pourvus de bénéfices ecclésiastiques ou engagés dans les Ordres sacrés, d'assister auxdits spectacles.

5. Quant aux obligations, serments et vœux, sans exception, faits jusqu'à présent ou promis pour l'avenir par n'importe quelles personnes, par l'Université ou le collège, concernant ces sortes de chasses de taureaux, même lorsqu'elles ont lieu, par suite d'une fausse piété, en l'honneur des saints ou à l'occasion d'une solennité ou fête ecclésiastique quelconques – qu'il faut au contraire honorer et célébrer par des louanges, des réjouissances spirituelles et des œuvres pies et non par ce genre de spectacle –, Nous les interdisons absolument, les cassons et les annulons et, suivant les cas, jugeons et proclamons à jamais qu'on doit les considérer comme nuls et non avenus.

6. Nous ordonnons à tous les princes, comtes et barons feudataires de la sainte Église romaine, sous peine de privation de leurs fiefs qu'ils ont reçus de la

sainte Église elle-même, et Nous exhortons dans le Seigneur les autres princes et seigneurs chrétiens et leur ordonnons en vertu de la sainte obéissance, par respect et pour l'honneur du saint Nom de Dieu, d'observer strictement toutes les choses prescrites ci-dessus, en leur promettant une magnifique récompense de Dieu en retour d'une si bonne œuvre.

7. Nous ordonnons en outre à tous nos vénérables frères, patriarches, primats, archevêques et évêques, et aux autres Ordinaires des lieux, en vertu de la sainte obéissance, sous peine de jugement divin et de condamnation à l'éternelle malédiction, de publier suffisamment dans leurs villes et diocèses respectifs la présente lettre et de faire observer lesdites prescriptions également sous les peines et censures ecclésiastiques.

La Documentation catholique n° 753 (1933), col.1467-1468.

Texte latin : *Bullarum privilegiorum ac diplomatum Romanorum Pontificum amplissima collectio*, tome IV, partie 2, pp. 1556-1557 ; ou *Bullarium romanum* Tome VII, p. 630.

Texte latin et traduction : Marc Roumengou, *L'Église et la corrida*, 1996, ISBN : 2-9501431-3-X, p.86-92.

Table des matières

Au diable vauvert
Tauromachies

RAMON AZANON
Lea Vicens, album illustré
ALAIN BONIJOL
Tercio de vérité, récit
SIMON CASAS
Taches d'encre et de sang, récit
La Corrida parfaite, récit
YVES CHARNET
Miroirs de Julien L., prose
DENYS COLOMB DE DAUNANT
La Nuit du sagittaire, récit
FRÉDÉRIC COUDRON
La Suerte de Matar, roman
Rejoneadora, roman
OLIVIER DECK
Adieu, torero, novela
CHRISTOPHE DE VOS
De l'envie de toréer, essai
PATRICK ESPAGNET
Les Noirs, poème
JEAN-BAPTISTE JALABERT
Juan Bautista par lui-même, autobiographie

Joselito

La Corrida expliquée à ma fille, essai

Julien Lescarret

Au risque de soi, autobiographie, album

Antoine Martin

La Cape de Mandrake, nouvelles

Produits carnés, nouvelles

Fous de fêtes votives, album illustré

Pablo Hermoso de Mendoza

Au cœur des chevaux, autobiographie

Ángel Peralta

Chevaux et taureaux à ciel ouvert, récit

Le Centaure de la Marisma, roman

Anne Plantagenet

Manolete, le calife foudroyé, biographie

Eddie Pons

Scènes d'arènes, dessin d'humour

avec Jacques Durand

Petit nécessaire de toilette à l'usage de ceux qui s'astiquent avant la corrida, humour

Jacky Simeon

Le Cours du destin, roman

Dictionnaire de la course camarguaise, album illustré

Sur la route des taureaux, album illustré

Une cocarde d'or et de sang, roman

Jean Lafont, Roi de Camargue, biographie
JACQUES TEISSIER
La Corrida, effraction salutaire, essai
JOSÉ TOMÁS, MARIO VARGAS LLOSA
Dialogue avec Navegante, essai collectif
ANDRÉ VIARD
La Chair et le sens, essai
LEA VICENS
Carnet Lea Vicens, notebook illustré
FRANCIS WOLFF
L'Appel de Séville, allocution
AVEC ANNIE MAÏLLIS,
D'un taureau l'autre, colloque

Imprimé en France par
CPI Firmin-Didot
en mars 2022

Composition :
L'atelier des glyphes

Nous imprimons nos ouvrages sur du papier issu
de forêts gérées durablement, de sources contrôlées
et avec des encres végétales.

Dépôt légal : avril 2022
N° d'impression : 168705